Inteligencia Artificial 360°

"Descubre funcionalidades, aplicaciones y herramientas. Aprovecha la IA para mejorar tu trabajo, vida cotidiana y creatividad, aumentando tu bienestar, éxito y crecimiento personal. "

De Marco Tomasi

Copyright © 2024 de Marco Tomasi

Todos los derechos reservados.

Ninguna parte de este libro puede ser reproducida en ninguna forma sin el permiso escrito del editor o del autor, excepto en los casos permitidos por la ley de derechos de autor.

CAPÍTULO 1: Introducción a la IA 7

CAPÍTULO 2: Tipos de Inteligencia Artificial 39

CAPÍTULO 3: Algoritmos Fundamentales del Aprendizaje Automático 71

CAPÍTULO 4: Deep Learning: Arquitecturas Avanzadas 92

CAPÍTULO 5: Aplicaciones de la Inteligencia Artificial en Sectores Industriales 117

CAPÍTULO 6: IA y Vida Cotidiana 144

CAPÍTULO 7: Desafíos Éticos y Sociales de la IA . 160

CAPÍTULO 8: IA y Creatividad 184

CAPÍTULO 9: Futuro de la IA: Escenarios Posibles 196

CAPÍTULO 10: Conclusiones y Preparación para el Futuro de la IA 211

CAPÍTULO 1: Introducción a la IA

Bienvenidos a "Inteligencia Artificial 360°, donde descubrirás funcionalidades, aplicaciones y herramientas para conocer y aprovechar la IA con el fin de mejorar tu trabajo, vida cotidiana y creatividad, aumentando bienestar, éxito y crecimiento personal", un libro que tiene como objetivo guiarte a través del vasto y fascinante mundo de la inteligencia artificial (IA). El objetivo principal de este libro es proporcionar una visión detallada y comprensible de las tecnologías que están transformando nuestro mundo, con un enfoque tanto en los aspectos técnicos como en las aplicaciones prácticas.

Vivimos en una era en la que la IA se ha convertido en parte integral de nuestra vida diaria, a menudo sin que nos demos cuenta. Desde el algoritmo que nos sugiere la próxima película para ver en Netflix, hasta la voz de nuestro asistente virtual que nos da indicaciones de rutas, pasando por los complejos sistemas de inteligencia artificial utilizados para diagnosticar enfermedades y prever fenómenos financieros: la IA está en todas partes. Sin embargo, muchos aún no comprenden completamente qué es exactamente esta tecnología, cómo funciona y cuáles son sus límites y potencialidades.

Este libro está dirigido tanto a quienes tienen curiosidad por descubrir cómo funcionan los algoritmos y los sistemas inteligentes, como a aquellos que desean adquirir una comprensión más profunda de los desafíos y oportunidades que ofrece la inteligencia artificial. Nuestra intención es hacer accesibles conceptos complejos, proporcionando ejemplos prácticos y referencias concretas que ayuden al lector a contextualizar lo que está aprendiendo.

¿Por qué este libro?

El rápido desarrollo de la inteligencia artificial ha planteado una serie de preguntas y preocupaciones, no solo técnicas, sino también éticas, económicas y sociales. Comprender a fondo la IA es esencial para poder participar en el debate público y estar preparados para los cambios que esta tecnología traerá en un futuro próximo. Nuestro objetivo es ofrecerte las herramientas para abordar estas cuestiones con un conocimiento sólido y consciente.

Ahora, adentrémonos en el corazón del tema, comenzando con la pregunta fundamental:

¿QUÉ ES LA INTELIGENCIA ARTIFICIAL?

La inteligencia artificial (IA) es un campo interdisciplinario que se ocupa del desarrollo de sistemas capaces de realizar tareas que, si fueran ejecutadas por humanos, requerirían inteligencia. Sin embargo, esta definición genérica oculta una amplia gama de tecnologías y enfoques diferentes, cada uno con características y capacidades únicas.

En esta sección, exploraremos los diferentes tipos de inteligencia artificial y cómo se distinguen entre sí. Estas categorías nos ayudarán a comprender mejor las capacidades de la IA y a delinear los límites de lo que es posible (o no) con las tecnologías actuales.

1. IA Débil (Narrow AI)

La IA débil, también conocida como IA estrecha (Narrow AI), es el tipo de inteligencia artificial diseñada para realizar tareas específicas. Esta es la IA que encontramos en la mayoría de las aplicaciones prácticas hoy en día, como los sistemas de reconocimiento de voz (por ejemplo, Siri o Alexa), el software de reconocimiento facial y los algoritmos de recomendación de Netflix o Amazon.

La característica principal de la IA débil es que no tiene consciencia o comprensión general: es capaz de realizar una tarea muy bien, pero no puede generalizar su conocimiento a otros contextos. Por ejemplo, un sistema que puede vencer a un campeón de ajedrez (como Deep Blue) no sería capaz de jugar otro juego sin ser reprogramado o entrenado específicamente para esa tarea.

Ejemplos prácticos de IA débil:

- Asistentes de voz como Siri y Alexa
- Sistemas de conducción autónoma (como los de Tesla)
- Algoritmos de recomendación en plataformas de streaming y comercio electrónico

2. IA Fuerte (Strong AI)

La IA fuerte representa una idea teórica de una inteligencia artificial que posea una comprensión profunda y general del mundo, similar a la humana. La IA fuerte aún no existe en la práctica, pero el objetivo es crear máquinas capaces de razonar, planificar, aprender y comprender de manera autónoma, tal como lo haría un ser humano.

Mientras que la IA débil está diseñada para realizar tareas específicas, la IA fuerte sería capaz de abordar una amplia gama de problemas y situaciones, con un nivel de comprensión y adaptabilidad similar al de un ser humano. En teoría, una IA fuerte sería capaz de generalizar su experiencia en muchos campos y actividades diferentes.

Hasta la fecha, la IA fuerte sigue siendo un concepto hipotético y, a pesar de los avances en la investigación, no estamos cerca de desarrollar una verdadera IA fuerte.

3. IA General (Artificial General Intelligence - AGI)

La IA General o AGI (Artificial General Intelligence) es un tipo de inteligencia que podría resolver cualquier problema intelectual que un ser humano pueda enfrentar. El AGI se sitúa a medio camino entre la IA débil y la IA fuerte: mientras que la IA débil está diseñada para tareas específicas y la IA fuerte representa la utopía de una máquina consciente y sensible, el AGI es visto como una forma de inteligencia flexible y adaptable.

Un sistema de AGI debería ser capaz de comprender y aprender cualquier tarea intelectual tal como lo haría una persona. Actualmente, no existen sistemas AGI, y su realización representa un desafío tanto científico como filosófico. El debate está abierto sobre cuánto tiempo tomará desarrollar un AGI o si incluso es posible.

Ejemplos hipotéticos de AGI incluirían:

- Un sistema capaz de resolver problemas complejos en varios campos, como medicina, ingeniería o arte, sin estar limitado a un solo dominio.

- Un robot que aprenda nuevas habilidades de forma autónoma, tal como lo haría un ser humano a través de la experiencia y el estudio.

4. IA Específica (Artificial Narrow Intelligence - ANI)

La IA Específica es otro término que básicamente se refiere al mismo concepto que la IA débil, es decir, una inteligencia diseñada para realizar una tarea específica de manera altamente eficiente. El término "IA específica" se usa a menudo para resaltar el carácter limitado y no generalizable del sistema, en contraste con el AGI.

Ejemplos de IA específica incluyen las máquinas que juegan al ajedrez o al Go, los sistemas que analizan imágenes médicas para detectar enfermedades o los algoritmos de predicción utilizados en los mercados financieros.

Los diversos tipos de IA – débil, fuerte, general y específica – representan diferentes visiones de la inteligencia artificial, cada una con sus particularidades. Mientras que la mayoría de las aplicaciones actuales pertenecen a la categoría de IA débil, la investigación continúa hacia el desarrollo de sistemas cada vez más autónomos e inteligentes, con el AGI como objetivo futuro. Sin embargo, el desarrollo de una IA fuerte o general sigue siendo un objetivo lejano y complejo.

HISTORIA DE LA IA: DESDE LOS ORÍGENES HASTA LOS AVANCES RECIENTES

Para comprender plenamente el estado actual de la inteligencia artificial (IA) e imaginar hacia dónde nos llevará en el futuro, es fundamental examinar sus orígenes y su desarrollo histórico. La tecnología actual es el resultado de décadas de progreso científico, ideas innovadoras y desafíos técnicos superados. Conocer el pasado nos permite apreciar la enorme evolución que ha llevado a la IA de ser una teoría especulativa en los años 50 a una realidad que impregna nuestra vida cotidiana. Este recorrido histórico también nos ayuda a delinear las futuras direcciones, ya que muchas de las cuestiones éticas, técnicas y filosóficas que enfrentamos hoy fueron planteadas por los pioneros de la IA. Explorar la historia de la inteligencia artificial, por lo tanto, no es solo un viaje en el tiempo, sino también una clave para comprender los desafíos y oportunidades que nos esperan.

Los orígenes: Alan Turing y la "Prueba de Turing"

La historia de la IA comienza en los años 50 con uno de los más grandes matemáticos y lógicos del siglo XX, Alan Turing. Considerado el "padre de la informática" y uno de los fundadores conceptuales de la IA, Turing sentó las bases para la teoría de la inteligencia artificial en 1950 con su famoso artículo "Computing Machinery and Intelligence". En este trabajo pionero, Turing planteó una pregunta que se convertiría en el núcleo del debate sobre la IA: "¿Pueden las máquinas pensar?"

Para responder a esta pregunta, Turing propuso un experimento que llegó a conocerse como la Prueba de Turing, un método para determinar si una máquina puede mostrar un comportamiento indistinguible del de un humano. La prueba involucra a tres participantes: un ser humano que hace preguntas, otro ser humano y una máquina que responden. Si el juez humano no puede distinguir entre las respuestas de la máquina y las del ser humano, la máquina puede considerarse "inteligente".

Aunque la Prueba de Turing ha suscitado numerosos debates filosóficos y científicos, sigue siendo un hito en el desarrollo de la IA. No tanto por la prueba en sí, sino por la idea de que una máquina podría imitar el pensamiento humano a través de algoritmos y procesos lógicos. Este fue el primer paso hacia el desarrollo de una ciencia que buscara replicar o simular la inteligencia humana.

Los años 50 y 60: El nacimiento de la IA como campo de investigación

A raíz de las ideas de Turing, en los años 50 se sentaron las bases para la IA como disciplina de investigación científica. En 1956, una conferencia en Dartmouth College fue el primer evento oficial en el que se utilizó el término "inteligencia artificial". Los investigadores John McCarthy, Marvin Minsky, Nathaniel Rochester y Claude Shannon organizaron el encuentro con el objetivo de explorar cómo crear máquinas capaces de realizar tareas que requieren inteligencia humana, como el juego de ajedrez, la resolución de problemas matemáticos y la comprensión del lenguaje natural.

En los años siguientes, se desarrollaron los primeros programas de inteligencia artificial. Uno de los más conocidos fue el Logic Theorist, desarrollado por Allen Newell y Herbert A. Simon en 1955-1956, que logró demostrar teoremas de lógica matemática, incluido uno más elegante que una demostración publicada en un trabajo de Bertrand Russell y Alfred North Whitehead. Este programa se consideró uno de los primeros ejemplos prácticos de IA.

Otro paso fundamental en este periodo fue el General Problem Solver, también conocido como GPS (no el que usamos hoy en día para la localización), un programa que buscaba resolver problemas utilizando una estrategia de búsqueda basada en objetivos y subobjetivos. Aunque no podía resolver problemas complejos, fue un intento ambicioso de crear una máquina que pudiera abordar una amplia gama de tareas.

A pesar del entusiasmo inicial, la investigación sobre la IA pronto enfrentó limitaciones técnicas, principalmente debido a la falta de potencia de cálculo y la dificultad para representar conocimientos complejos de manera que las computadoras pudieran procesarlos.

Los años 70: El invierno de la IA

En los años 70, la inteligencia artificial entró en una fase de desaceleración conocida como el "Winter of AI" o "invierno de la IA". Este término se refiere a la disminución del interés y la financiación para la investigación en IA, causada por el fracaso de las tecnologías en cumplir las promesas hechas anteriormente.

Los primeros sistemas de IA, como los que intentaban resolver problemas matemáticos o jugar al ajedrez, mostraron limitaciones significativas. Aunque funcionaban bien en dominios específicos, no podían abordar tareas más complejas o generales. Además, la potencia de cálculo de la época no era suficiente para soportar las ideas más ambiciosas de los investigadores. La frustración creció, y muchos inversores y gobiernos redujeron la financiación para la investigación en IA.

A pesar del "invierno de la IA", algunos avances continuaron. Durante este periodo, Marvin Minsky y Seymour Papert criticaron abiertamente las redes neuronales, limitando el desarrollo de esta tecnología hasta décadas posteriores. Sin embargo, se siguieron haciendo progresos en los sistemas expertos, una forma de inteligencia artificial basada en reglas que resolvía problemas en dominios específicos, como el diagnóstico médico.

Los años 80: El regreso de la IA y los sistemas expertos

En los años 80, la inteligencia artificial experimentó un resurgimiento gracias al desarrollo de los sistemas expertos, software diseñado para replicar el proceso de toma de decisiones humanas en un campo específico. Uno de los ejemplos más conocidos es XCON, un sistema experto desarrollado por Digital Equipment Corporation (DEC) para configurar sus sistemas informáticos. XCON logró reducir significativamente el tiempo necesario para configurar computadoras, demostrando el valor comercial de la IA.

Este éxito, junto con el creciente poder de cálculo y los nuevos enfoques del aprendizaje automático, volvió a poner a la IA en el centro de atención. Sin embargo, las limitaciones de estos sistemas pronto se hicieron evidentes: los sistemas expertos eran difíciles de mantener y actualizar, ya que requerían la entrada manual de reglas por parte de expertos humanos.

Los años 90: Las redes neuronales y la victoria de Deep Blue

A finales de los años 80 y principios de los 90, hubo un renacimiento del interés por las redes neuronales, un enfoque que imitaba la estructura del cerebro humano para resolver problemas complejos. El descubrimiento del algoritmo de retropropagación permitió entrenar redes neuronales multicapa de manera más eficiente, y esto reavivó el interés por esta tecnología.

Un evento simbólico de los años 90 fue la victoria de la computadora Deep Blue de IBM contra el campeón mundial de ajedrez Garry Kasparov en 1997. Este fue el primer caso en que una máquina venció a un campeón mundial de ajedrez, demostrando el poder de las computadoras para resolver problemas complejos.

El siglo XXI: Big Data, Machine Learning y Deep Learning

El inicio del siglo XXI marcó un punto de inflexión significativo en el desarrollo de la inteligencia artificial, principalmente gracias al aumento exponencial de la potencia de cálculo, la disponibilidad de datos y los avances en el aprendizaje automático (machine learning). La era de los big data y el acceso a vastos conjuntos de datos transformaron las capacidades de la IA, permitiendo algoritmos más complejos y potentes. En este periodo, dos áreas de investigación clave –el machine learning y el deep learning– surgieron como tecnologías dominantes, llevando a la IA de experimentos de laboratorio a una adopción generalizada en sectores comerciales e industriales.

El auge del Big Data

A principios de los 2000, con el aumento de la conectividad global y el auge de Internet, se experimentó un crecimiento vertiginoso en la cantidad de datos generados. Empresas tecnológicas como Google, Amazon y Facebook comenzaron a recopilar grandes cantidades de datos de los usuarios, creando un terreno fértil para la aplicación de algoritmos de machine learning a gran escala. El término big data se refiere al análisis de conjuntos de datos tan grandes y complejos que no pueden ser gestionados con las técnicas tradicionales de gestión de datos.

Los big data fueron un factor habilitador fundamental para el desarrollo de la IA, ya que los algoritmos de aprendizaje automático requieren grandes cantidades de datos para mejorar su capacidad de tomar decisiones precisas. Con el crecimiento de las plataformas de redes sociales, el comercio electrónico y los dispositivos móviles, la IA comenzó a encontrar aplicaciones en una amplia gama de sectores, desde el análisis de consumidores hasta la salud, pasando por la publicidad dirigida.

Machine Learning: Un cambio de era
El machine learning, o la capacidad de las máquinas para aprender de los datos y mejorar su rendimiento sin ser programadas explícitamente para cada tarea, se ha convertido en el pilar de la IA moderna. En 2006, Geoffrey Hinton, un pionero en redes neuronales, introdujo el concepto de aprendizaje profundo (deep learning), una técnica de machine learning que utiliza redes neuronales con múltiples capas para extraer representaciones jerárquicas de los datos.

A lo largo de los años 2000, los investigadores perfeccionaron los algoritmos de aprendizaje supervisado y no supervisado, haciendo posible la clasificación precisa, el agrupamiento de datos y la predicción de tendencias. Entre los algoritmos más utilizados se encuentran:

• Support Vector Machines (SVM): utilizados para clasificar datos en dos categorías.

• Random Forests: algoritmos que construyen un "bosque" de árboles de decisión para mejorar la precisión de las predicciones.

• K-means Clustering: una técnica de aprendizaje no supervisado que agrupa datos en función de similitudes.

El machine learning encontró aplicaciones en sectores como el marketing, las finanzas, el diagnóstico médico y la predicción del comportamiento de los usuarios en línea. Por ejemplo, los algoritmos de machine learning han sido fundamentales para el desarrollo de los algoritmos de recomendación utilizados por plataformas como Netflix y Amazon para sugerir películas o productos según las preferencias de los usuarios.

La explosión del Deep Learning

El verdadero punto de inflexión para la inteligencia artificial moderna llegó con la explosión del deep learning a principios de la década de 2010. Gracias a la combinación de redes neuronales profundas y potentes GPU (unidades de procesamiento gráfico), el deep learning permitió el procesamiento de enormes cantidades de datos de manera rápida y precisa. Las redes neuronales profundas son modelos matemáticos inspirados en la estructura del cerebro humano, en los que los datos se procesan a través de múltiples capas (o niveles) de neuronas artificiales, lo que permite reconocer patrones complejos que serían difíciles de identificar con otros algoritmos.

Una de las primeras demostraciones prácticas del poder del deep learning se presentó en 2012, cuando AlexNet, una arquitectura de red neuronal convolucional (CNN), ganó la ImageNet Large Scale Visual Recognition Challenge con un margen impresionante. Este resultado demostró que las redes neuronales profundas podían superar con creces los enfoques tradicionales en el reconocimiento de imágenes. A partir de ese momento, el deep learning comenzó a aplicarse en una amplia gama de sectores:

- Reconocimiento facial: algoritmos que reconocen rostros en tiempo real, utilizados en seguridad y redes sociales.
- Procesamiento del lenguaje natural (NLP): chatbots, traductores automáticos

y asistentes de voz como Siri y Google Assistant.

• Conducción autónoma: los automóviles autónomos utilizan redes neuronales profundas para analizar el entorno en tiempo real y tomar decisiones de conducción.

Las redes neuronales convolucionales (CNN) han demostrado ser especialmente eficaces en el reconocimiento de imágenes y vídeos, mientras que las redes neuronales recurrentes (RNN), que conservan la memoria de información previa, han encontrado aplicación en la traducción automática y la predicción de series temporales.

El ascenso de los transformers y los modelos de lenguaje

Otro gran cambio ocurrido en la década de 2010 fue el desarrollo de los modelos de lenguaje basados en transformers, que revolucionaron el campo del procesamiento del lenguaje natural (NLP). En 2017, un equipo de investigadores de Google introdujo el modelo Transformer, que cambió la forma en que los modelos de deep learning procesan secuencias de datos.

A diferencia de las redes neuronales recurrentes (RNN), los transformers pueden procesar secuencias completas de palabras o frases simultáneamente, lo que los hace mucho más eficientes y capaces de captar relaciones a largo plazo entre las palabras en un texto. Esta innovación llevó al desarrollo de modelos como BERT (Bidirectional Encoder Representations from Transformers) y, posteriormente, la familia de modelos GPT (Generative Pre-trained Transformer), como GPT-3, uno de los modelos de generación de texto más avanzados del mundo.

GPT-3, desarrollado por OpenAI y lanzado en 2020, es un modelo capaz de generar textos naturales en una amplia gama de estilos y contextos. Entrenado con miles de millones de parámetros, GPT-3 ha demostrado capacidades sorprendentes para generar artículos, poesía, código informático e incluso conversaciones convincentes. El ascenso de los modelos de lenguaje basados en transformers ha abierto el camino a nuevas aplicaciones, incluidos chatbots avanzados, traductores en tiempo real y asistentes personales cada vez más sofisticados.

Diferencia entre IA, Machine Learning y Data Science

La inteligencia artificial (IA), el machine learning (ML) y la ciencia de datos (Data Science) son términos que a menudo se usan de manera intercambiable, pero representan disciplinas distintas que se intersectan en muchos ámbitos. Comprender las diferencias entre estos campos es fundamental para quienes deseen profundizar en el papel que estas tecnologías juegan en la transformación digital y la innovación.

Inteligencia Artificial (IA)

La inteligencia artificial (IA) es el campo más amplio de los tres y se refiere a la creación de máquinas y sistemas capaces de realizar actividades que normalmente requieren inteligencia humana, como la resolución de problemas, el razonamiento, el aprendizaje y la comprensión del lenguaje. El objetivo de la IA es crear algoritmos y sistemas que puedan simular el comportamiento inteligente.

La IA incluye subcampos como:

- Procesamiento del lenguaje natural (NLP): por ejemplo, asistentes de voz como Siri y Alexa.

- Reconocimiento de imágenes: por ejemplo, el reconocimiento facial utilizado en seguridad y redes sociales.

- Automatización inteligente: como los coches autónomos.
  En resumen, la IA es un gran paraguas que incluye varias técnicas para hacer que una máquina sea "inteligente", muchas de las cuales dependen del machine learning.

Machine Learning (ML)

El machine learning (ML) es una subdisciplina de la IA que se centra en algoritmos que permiten a las máquinas aprender de los datos y mejorar su rendimiento con el tiempo sin ser programadas explícitamente. En otras palabras, en lugar de programar una máquina para realizar tareas específicas, los sistemas de machine learning aprenden de los datos a través del entrenamiento.

Un ejemplo práctico de machine learning son los motores de recomendación de Netflix o Amazon, que aprenden de las preferencias de los usuarios para sugerir nuevas películas o productos. Cada vez que ves una película o serie, el sistema registra detalles como el género, la duración, los actores y las valoraciones. Estos datos se combinan con el comportamiento de usuarios similares para crear un perfil personalizado. El algoritmo aprende automáticamente tus gustos, adaptándose con el tiempo y sugiriendo contenido que podría gustarte. Por ejemplo, si sueles ver thrillers, el sistema te recomendará otros títulos del mismo género, mejorando con cada interacción. Todo esto sucede de manera autónoma.

Ciencia de Datos (Data Science)

La ciencia de datos es un campo multidisciplinario que combina habilidades de estadística, programación y análisis de datos para extraer información útil de conjuntos de datos complejos. El trabajo del científico de datos implica la recolección, limpieza, análisis y modelado de datos, utilizando herramientas estadísticas y algoritmos de machine learning para proporcionar información útil para la toma de decisiones empresariales o científicas.

A diferencia de la IA, la ciencia de datos no se centra necesariamente en crear sistemas inteligentes. Se trata de transformar los datos en información procesable, con el objetivo de encontrar patrones, hacer predicciones u optimizar procesos empresariales. Sin embargo, la ciencia de datos utiliza a menudo técnicas de machine learning para analizar los datos.

Un ejemplo práctico: el análisis predictivo de ventas en una empresa, donde un científico de datos utiliza datos históricos de ventas para prever tendencias futuras.

Cómo se interrelacionan

- **IA y Machine Learning**: La IA es el objetivo general de crear máquinas inteligentes, mientras que el machine learning es una de las principales técnicas utilizadas para alcanzar este objetivo.

- **Machine Learning y Ciencia de Datos**: Los científicos de datos utilizan a menudo técnicas de machine learning para construir modelos predictivos y encontrar patrones ocultos en los datos.

- **IA y Ciencia de Datos**: La IA puede utilizar las herramientas de la ciencia de datos para recopilar y analizar datos, pero su propósito va más allá del análisis de datos: busca hacer que las máquinas puedan tomar decisiones autónomas.

En resumen, la inteligencia artificial es el concepto general, el machine learning es una de sus herramientas fundamentales, y la ciencia de datos es una disciplina que utiliza técnicas de ML para analizar datos y producir información útil en diversos sectores.

Programación clásica vs Inteligencia Artificial (IA)

Otro concepto importante a aclarar es la diferencia entre la programación clásica y la inteligencia artificial. Estas difieren principalmente en la forma en que abordan los problemas y toman decisiones.

En la programación clásica, los desarrolladores escriben instrucciones precisas y detalladas que la máquina debe ejecutar. Cada paso se codifica de manera explícita, y la computadora sigue estrictamente las reglas definidas por el programador. En la práctica, el programador debe anticipar cada posible escenario y proporcionar una solución para cada uno. Este enfoque funciona bien para problemas deterministas, como cálculos matemáticos o gestión de archivos, donde existen respuestas predefinidas.

Un ejemplo práctico es una calculadora. Si quisiéramos crear un programa para sumar dos números, escribiríamos un código que siga reglas fijas: (a+b=?). En este caso, el programador ha definido claramente que el programa debe tomar dos números (a y b), sumarlos y devolver el resultado. No hay margen de error o aprendizaje: la computadora hace exactamente lo que se le ha dicho, que es sumar dos números.

Este enfoque funciona bien para problemas simples y predecibles, donde se pueden dar instrucciones claras para cada entrada posible. Sin embargo, se vuelve menos eficaz cuando se abordan problemas complejos que requieren adaptabilidad o decisiones basadas en datos inciertos o variables, lo que la IA puede manejar mediante el aprendizaje a partir de los datos.

Por el contrario, la IA se basa en un enfoque más adaptativo y flexible. En lugar de ser programada con reglas fijas, la IA se "entrena" utilizando grandes cantidades de datos. Los modelos de IA, como los de machine learning, aprenden de los datos para reconocer patrones y hacer predicciones o tomar decisiones. En este caso, el programador no escribe cada regla explícitamente, sino que crea algoritmos capaces de aprender y mejorar con la experiencia.

Por ejemplo, un algoritmo de reconocimiento facial no tiene reglas fijas sobre cómo reconocer un rostro, sino que aprende a través de miles de ejemplos. Mientras que la programación clásica es estática y sigue reglas rígidas, la IA es dinámica y se adapta a los datos. La programación clásica requiere instrucciones explícitas para cada tarea, mientras que la IA aprende de los datos para gestionar tareas complejas y variables.

IA en Uso Hoy

La inteligencia artificial (IA) se ha convertido en una parte integral de la vida cotidiana, aunque a menudo no nos damos cuenta. Desde los motores de búsqueda hasta las recomendaciones de contenido, pasando por los chatbots y los autos autónomos, la IA está omnipresente y desempeña un papel fundamental en muchas de las actividades que realizamos a diario. En esta sección, examinaremos algunas de las aplicaciones más comunes de la IA, proporcionando ejemplos concretos y destacando cómo estas tecnologías influyen en nuestras vidas.

1. Motores de Búsqueda

Una de las aplicaciones más comunes de la inteligencia artificial es en los motores de búsqueda, como Google, Bing y Yahoo. Cada vez que realizamos una búsqueda en Internet, se utilizan algoritmos de machine learning e inteligencia artificial para mejorar los resultados. Los algoritmos analizan una enorme cantidad de datos para determinar qué sitios web, artículos o páginas son más relevantes según la consulta del usuario.

Google, en particular, utiliza la IA para mejorar continuamente su algoritmo de clasificación de páginas, teniendo en cuenta factores como la relevancia del contenido, la calidad de los enlaces externos y el comportamiento de los usuarios anteriores que han realizado búsquedas similares. En los últimos años, Google ha introducido BERT (Bidirectional Encoder Representations from Transformers), un modelo de lenguaje natural basado en redes neuronales profundas que permite comprender mejor el contexto de consultas complejas, mejorando notablemente la calidad de las respuestas que ofrece a los usuarios.

2. Algoritmos de Recomendación

Otra aplicación fundamental de la IA se encuentra en los sistemas de recomendación, utilizados por plataformas de streaming como Netflix y Amazon. Estos algoritmos de recomendación analizan los datos sobre el comportamiento y las preferencias de los usuarios para sugerir contenido personalizado, como películas, series de TV o productos para comprar.

Por ejemplo, Netflix utiliza algoritmos de machine learning para examinar el historial de visualización de un usuario y compararlo con el de otros usuarios con preferencias similares. Gracias a esta comparación, puede sugerir películas o series que podrían gustar al usuario. Lo mismo ocurre con Amazon, donde la IA analiza los hábitos de compra y visualización de productos para recomendar artículos relevantes. Estos sistemas están diseñados para mejorar la experiencia del usuario, optimizando las interacciones y aumentando las probabilidades de satisfacción o compra.

3. Chatbots y Asistentes Virtuales

En los últimos años, el uso de chatbots y asistentes virtuales ha crecido significativamente, tanto en el comercio como en los servicios de atención al cliente. Asistentes de voz como Siri (Apple), Alexa (Amazon) y Google Assistant utilizan la IA y el procesamiento del lenguaje natural (NLP) para comprender las solicitudes de los usuarios y proporcionar respuestas o realizar acciones apropiadas.

Estos sistemas aprovechan técnicas de machine learning y deep learning para mejorar su rendimiento con el tiempo, aprendiendo de interacciones pasadas para ofrecer respuestas más precisas. Por ejemplo, Alexa es capaz de controlar dispositivos de hogar inteligente, responder preguntas, reproducir música e incluso hacer pedidos en Amazon. Por otro lado, los chatbots son comúnmente utilizados por empresas de comercio electrónico y servicios bancarios para proporcionar atención al cliente automatizada, respondiendo preguntas frecuentes o ayudando a resolver problemas comunes en tiempo real.

4. Conducción Autónoma

Uno de los desarrollos más avanzados de la IA se encuentra en el sector de los autos autónomos. Empresas como Tesla, Waymo (de Alphabet/Google) y Uber están desarrollando vehículos que utilizan algoritmos de deep learning y redes neuronales para navegar en el tráfico, reconocer señales de tránsito, detectar obstáculos y tomar decisiones de conducción de manera autónoma.

Los autos autónomos utilizan una combinación de sensores (cámaras, lidar, radar) e IA para interpretar el entorno en tiempo real y reaccionar de manera segura. Estos vehículos deben tomar decisiones complejas en milisegundos, como detenerse en un semáforo en rojo o evitar a un peatón, todo sin intervención humana. Aunque la conducción autónoma aún no está completamente perfeccionada, las tecnologías subyacentes están avanzando rápidamente, y se espera que el sector continúe evolucionando en los próximos años.

5. IA en el Comercio Electrónico

En el comercio electrónico, la IA se utiliza para mejorar la experiencia de compra de los usuarios. Además de los sistemas de recomendación, los sitios de comercio electrónico utilizan algoritmos de machine learning para optimizar las operaciones de búsqueda interna y sugerir productos relacionados. Además, la IA se utiliza para analizar los datos de comportamiento de los usuarios, mejorando las estrategias de marketing y las campañas publicitarias personalizadas.

Las técnicas de análisis predictivo, basadas en machine learning, permiten a los minoristas prever tendencias futuras de ventas y mejorar la gestión del inventario, reduciendo así los costos y aumentando la satisfacción del cliente. Otro aspecto interesante es la búsqueda visual mediante IA, que permite a los usuarios buscar productos cargando imágenes en lugar de introducir palabras clave.

La inteligencia artificial ya está profundamente arraigada en nuestra vida cotidiana, mejorando la eficiencia y la calidad de nuestras interacciones con la tecnología. Desde los motores de búsqueda hasta los asistentes de voz, desde los sistemas de recomendación hasta los autos autónomos, la IA está revolucionando la forma en que vivimos, trabajamos y nos entretenemos. Sin embargo, esto es solo el comienzo. A medida que la IA se vuelva más avanzada, su impacto será cada vez más extenso y profundo, abriendo nuevas oportunidades en muchos otros sectores.

Los Principales Actores de la IA Hoy y el Papel de las Big Tech

En los últimos años, la inteligencia artificial (IA) ha experimentado una explosión mediática y tecnológica sin precedentes. Tecnologías como ChatGPT de OpenAI y Google Gemini están redefiniendo nuestra interacción con la tecnología, mientras que gigantes como Apple, Microsoft, Meta, NVIDIA y figuras destacadas como Elon Musk están impulsando la IA hacia nuevos horizontes. Paralelamente, la creciente demanda de soluciones basadas en IA ha llevado a muchas empresas a utilizarla como herramienta de marketing, a veces de manera excesiva o poco justificada.

OpenAI y ChatGPT: La IA Generativa que Revolucionó el Sector
OpenAI se ha convertido en una de las organizaciones más influyentes en el campo de la inteligencia artificial, gracias a modelos de lenguaje como ChatGPT. Esta herramienta, impulsada por los modelos GPT-3 y GPT-4, ha demostrado capacidades excepcionales para comprender y generar texto en lenguaje natural, lo que ha tenido un enorme impacto en muchos sectores.

ChatGPT se utiliza en aplicaciones como la automatización del servicio al cliente, la creación de contenido, la asistencia en la escritura y el desarrollo de software. Su versatilidad le ha permitido ganar rápidamente popularidad, abriendo el camino para la adopción de modelos de IA generativa a gran escala. La generación automática de textos ha cambiado la forma en que las empresas interactúan con los clientes, desarrollan software y crean contenidos de marketing, reduciendo tiempos y aumentando la eficiencia.

El impacto de ChatGPT ha sido tan profundo que ha captado la atención mundial sobre la IA generativa, convirtiéndose en un referente de la evolución de la inteligencia artificial y obligando a los competidores a responder con sus propias soluciones innovadoras.

Google Gemini: El Relanzamiento de Google en el Campo de la IA
Google, uno de los pioneros en IA, respondió al rápido crecimiento de OpenAI con el lanzamiento de Google Gemini. Gemini es una suite de modelos de

inteligencia artificial que busca superar los límites del procesamiento del lenguaje natural (NLP) mediante la introducción de capacidades multimodales, es decir, la capacidad de comprender texto, imágenes y videos simultáneamente.

Históricamente, Google ha utilizado la IA para mejorar sus principales servicios, como el motor de búsqueda, Gmail y YouTube, pero Gemini representa una nueva generación de IA más versátil y avanzada. Con Gemini, Google está integrando la IA en todas sus plataformas, con el objetivo de mejorar la experiencia del usuario mediante respuestas más contextuales y la automatización de tareas complejas. También ha integrado esta tecnología en Google Cloud, ofreciendo a las empresas herramientas potentes para la gestión de datos y la automatización de operaciones diarias.

El lanzamiento de Google Gemini ha permitido a Google reposicionarse como líder en IA, compitiendo directamente con OpenAI y consolidando su posición en el panorama de la inteligencia artificial.

Microsoft: El Ecosistema de OpenAI y la Potencia de Azure

Microsoft ha adoptado una estrategia clara en el ámbito de la inteligencia artificial, convirtiéndose en uno de los principales socios de OpenAI. Su inversión multimillonaria en OpenAI ha llevado a una integración profunda de las tecnologías GPT en varios productos de Microsoft, incluidos Microsoft 365 y Azure. El lanzamiento de Copilot, una funcionalidad que aprovecha la IA generativa para automatizar tareas en Word, Excel y otras herramientas, ha transformado la productividad empresarial.

Azure, la plataforma en la nube de Microsoft, se ha convertido en una de las principales infraestructuras para el entrenamiento y despliegue de modelos de inteligencia artificial. Microsoft ha puesto a disposición herramientas avanzadas de IA para que las empresas desarrollen soluciones personalizadas a gran escala. Además, la integración de IA en Bing ha mejorado las capacidades de búsqueda y sugerencia, transformando la manera en que los usuarios interactúan con los resultados de búsqueda.

Apple: El Enfoque Silencioso pero Poderoso hacia la IA

Apple ha sido más discreta en comparación con otras empresas en cuanto a los avances en IA, pero no ha estado ausente de la revolución. La compañía ha integrado la IA en sus productos a través de tecnologías como Siri, que utiliza IA para el procesamiento de voz, y Face ID, el sistema de reconocimiento facial basado en machine learning. Sin embargo, Apple se ha destacado por su enfoque en la privacidad y seguridad de los datos, implementando modelos de IA que operan directamente en los dispositivos, en lugar de en la nube.

Apple también ha invertido fuertemente en IA para la fotografía computacional, mejorando la calidad de las imágenes en iPhone mediante técnicas avanzadas de machine learning que optimizan la gestión de la luz, los detalles y el color. A pesar de no haber hecho anuncios impactantes como OpenAI o Google, Apple está trabajando para hacer de la IA una parte invisible pero crucial de la experiencia del usuario, con un enfoque en la simplicidad y la privacidad.

NVIDIA: El Motor de la IA Moderna

NVIDIA es, sin duda, uno de los mayores actores en la reciente explosión de la IA. Mientras empresas como OpenAI y Google desarrollan software, NVIDIA proporciona el hardware que hace posible el entrenamiento y la ejecución de modelos de IA a gran escala. Sus GPU (unidades de procesamiento gráfico) se han convertido en el estándar para el cálculo paralelo, esencial para el entrenamiento de redes neuronales profundas.

La expansión de NVIDIA ha sido impulsada por la creciente demanda de soluciones de IA y deep learning, ya que cada vez más empresas dependen de GPU de alto rendimiento para procesar grandes volúmenes de datos. Su plataforma de software NVIDIA AI Enterprise ofrece las herramientas necesarias para desarrollar, entrenar y desplegar modelos de IA, convirtiéndola en un actor clave no solo en gaming y gráficos, sino también en sectores como la salud, la automoción (contribuyendo al desarrollo de vehículos autónomos) y la manufactura.

El reciente aumento en el valor de las acciones de NVIDIA refleja la enorme demanda de sus productos, impulsada por la evolución de la IA. La compañía está capitalizando la necesidad global de acelerar la innovación tecnológica, convirtiéndose en una de las empresas más valiosas del mundo.

Meta y el Metaverso: La Visión de Zuckerberg sobre la IA

Meta (anteriormente Facebook) tiene un enfoque interesante hacia la inteligencia artificial, integrándola profundamente en sus plataformas sociales y en el metaverso. Los algoritmos de machine learning de Meta son la base de la gestión de los feeds de noticias en Facebook e Instagram, así como de las sugerencias publicitarias y la moderación de contenido.

Sin embargo, la verdadera apuesta de Meta es la integración de la IA en el metaverso, un espacio virtual donde la inteligencia artificial jugará un papel clave en la interacción y la creación de contenidos. Meta está desarrollando avatares inteligentes, modelos para la creación de entornos virtuales y herramientas de automatización del lenguaje para mejorar la experiencia del usuario en el metaverso. Aunque el proyecto del metaverso aún está en desarrollo, la IA será una componente fundamental para la realización de esta visión.

Elon Musk y la Búsqueda de una IA Segura

Elon Musk, fundador de Tesla y SpaceX, es conocido por sus opiniones controvertidas sobre la IA. A pesar de ser cofundador de OpenAI, Musk ha expresado preocupaciones sobre la seguridad de la inteligencia artificial avanzada, temiendo que el desarrollo incontrolado de IA podría representar un riesgo existencial para la humanidad.

Tesla, bajo la dirección de Musk, está utilizando la IA de manera masiva en el desarrollo de sus autos autónomos, con sistemas de deep learning que permiten a los vehículos tomar decisiones en tiempo real. Musk también está trabajando en Neuralink, un proyecto de interfaz cerebro-computadora que busca fusionar la inteligencia humana con la IA.

La IA Como Herramienta de Marketing: ¿Éxito o Exceso?

El enorme impacto mediático de la inteligencia artificial ha llevado a muchas empresas a incluir la IA en cada campaña de marketing. En muchos casos, el uso de la IA realmente mejora productos o servicios. Sin embargo, la creciente presión mediática ha llevado a muchas compañías a utilizar el término "IA" incluso cuando su implementación es marginal o no particularmente innovadora.

En varios sectores, observamos la adopción de tecnologías de IA más como una estrategia de branding que como una verdadera innovación, con empresas que promocionan "productos basados en IA" cuando, en realidad, se trata de automatizaciones básicas. Este uso excesivo del término corre el riesgo de crear confusión entre los consumidores y socavar la confianza en la IA como tecnología transformadora.

Perspectivas Futuras de la IA: IA General, Superinteligencia y el Impacto de las Computadoras Cuánticas

La inteligencia artificial ya ha demostrado su potencial revolucionario, transformando industrias, hábitos cotidianos e interacciones humanas. Sin embargo, lo que hemos visto hasta ahora representa solo el comienzo de lo que la IA podría lograr. Con el rápido progreso de tecnologías como la IA general y la superinteligencia, el futuro de la IA promete ser aún más radical y complejo. En esta sección, analizaremos las posibles direcciones en las que se está desarrollando la IA, como el logro de una inteligencia artificial general (AGI) y el surgimiento de una superinteligencia, conceptos que trataremos con más detalle en los próximos capítulos.

IA General: Hacia una Inteligencia Versátil y Adaptable

Hasta ahora, la mayoría de las aplicaciones de inteligencia artificial se basan en IA débil o específica, diseñada para resolver problemas limitados y especializados. Estos sistemas, como ChatGPT o los modelos de reconocimiento de imágenes, destacan en tareas particulares, pero no tienen una comprensión general del mundo. Por ejemplo, mientras que una IA puede derrotar al campeón mundial de ajedrez, no puede aplicar automáticamente esa misma inteligencia a otros juegos o tareas sin ser reprogramada o reentrenada.

El objetivo final de muchos investigadores es crear una Inteligencia Artificial General (AGI), una máquina capaz de realizar cualquier tarea intelectual que un ser humano pueda ejecutar. La AGI sería capaz de aprender, adaptarse y mejorar en cualquier tema o problema, independientemente del contexto. Se trataría de una máquina con una comprensión amplia y flexible, capaz de razonar sobre problemas imprevistos o tareas no específicamente programadas.

Aunque el desarrollo de la AGI parece aún lejano, los recientes avances en aprendizaje automático, redes neuronales y procesamiento del lenguaje natural sugieren que estamos haciendo progresos significativos en esa dirección. Sin embargo, la AGI también plantea enormes desafíos técnicos, filosóficos y éticos, que abordaremos en detalle en los próximos capítulos. Una de las cuestiones clave será cómo gobernar y controlar una IA que podría ser tan versátil e inteligente como los seres humanos.

Superinteligencia: ¿Una Amenaza o una Promesa?

Mientras que la AGI representa el objetivo a corto plazo de la comunidad de investigación en IA, el concepto de superinteligencia va mucho más allá. La superinteligencia se define como una máquina que supera con creces las capacidades intelectuales humanas en todos los campos: creatividad, capacidad para resolver problemas complejos, planificación a largo plazo e incluso inteligencia emocional.

Una superinteligencia podría ser capaz de resolver problemas que hoy consideramos insuperables, como la cura de enfermedades incurables, la gestión del cambio climático o la optimización de los recursos globales. Sin embargo, el poder de una superinteligencia también podría traer consigo riesgos significativos, ya que un sistema tan poderoso podría escapar al control humano o tener objetivos que no coincidan con los intereses de la humanidad. Algunos expertos, como Elon Musk, han expresado preocupaciones sobre la posibilidad de que una superinteligencia se convierta en una amenaza existencial si no se regula adecuadamente.

En los próximos capítulos, profundizaremos en los riesgos y oportunidades relacionados con el desarrollo de una superinteligencia. También discutiremos cómo la comunidad global está tratando de abordar estos problemas mediante directrices éticas y sistemas de gobernanza que puedan garantizar un desarrollo seguro y controlado de la inteligencia artificial avanzada.

La IA y el Papel de las Computadoras Cuánticas

Otra frontera tecnológica que podría redefinir por completo la IA es el surgimiento de las computadoras cuánticas. Las computadoras tradicionales, basadas en el procesamiento binario (bits), han alcanzado niveles increíbles de poder de cómputo, pero también están llegando a sus límites físicos en términos de capacidad y velocidad. Las computadoras cuánticas, en cambio, aprovechan las propiedades de la mecánica cuántica, utilizando cúbits en lugar de bits, que pueden existir en múltiples estados simultáneamente gracias al fenómeno de la superposición cuántica.

Esta capacidad para procesar simultáneamente una cantidad exponencial de información podría revolucionar la forma en que entrenamos los modelos de IA. Hoy en día, entrenar modelos de deep learning requiere enormes recursos computacionales y mucho tiempo, especialmente cuando se trabaja con conjuntos de datos muy grandes. Las computadoras cuánticas podrían acelerar enormemente estos procesos, permitiendo entrenar modelos de IA en menos tiempo y con mayor precisión.

Un área de particular interés es el uso de las computadoras cuánticas para la optimización y simulación. Muchos de los problemas complejos que enfrenta la IA, como la simulación de reacciones químicas o la predicción del comportamiento de los mercados financieros, requieren un poder computacional que las computadoras tradicionales tienen dificultades para gestionar. Las computadoras cuánticas podrían hacer posibles nuevas soluciones en estos ámbitos, mejorando drásticamente las capacidades de la IA.

Aunque la tecnología cuántica aún se encuentra en las primeras etapas de su desarrollo, empresas como IBM, Google y Microsoft ya están invirtiendo fuertemente en este sector, y en las próximas décadas podríamos ver una sinergia entre inteligencia artificial avanzada y computación cuántica que acelerará aún más el progreso de la IA. En los próximos capítulos, examinaremos con más detalle el vínculo entre estos dos campos, explorando las posibles aplicaciones y los desafíos que enfrentaremos.

Perspectivas Éticas y Sociales

El desarrollo de una IA tan avanzada como la AGI o la superinteligencia traerá consigo no solo beneficios tecnológicos, sino también desafíos éticos y sociales. ¿Cómo nos aseguramos de que la IA trabaje para el bien de la humanidad? ¿Cómo podemos garantizar que no aumente las desigualdades o cause daños no intencionados? Estos son solo algunos de los temas que abordaremos más adelante, ya que la necesidad de establecer normas éticas y regulaciones globales será crucial para el desarrollo responsable de la inteligencia artificial.

Las perspectivas futuras de la IA son increíblemente fascinantes y están llenas de posibilidades, pero también requieren una profunda reflexión sobre los riesgos y las implicaciones éticas. La transición de la IA específica a la IA general, el surgimiento de una superinteligencia y el papel crucial de las computadoras cuánticas para potenciar la IA son áreas de investigación que definirán el futuro de nuestra relación con las máquinas inteligentes.

Y así, querido lector, termina el capítulo 1, ¡acabas de superar el bautismo en inteligencia artificial! En este primer y fundamental capítulo, hemos sentado las bases: vimos qué es la IA, exploramos su historia desde los primeros pasos con Turing hasta su reciente explosión, comprendimos quiénes son los actores clave hoy en día, entendimos su funcionamiento básico y echamos un vistazo a los posibles desarrollos futuros. En resumen, una visión general para prepararte para lo que vendrá.

En los próximos capítulos profundizaremos más, explorando con mayor detalle las diferentes facetas de la IA, desde las tecnologías más avanzadas hasta sus implicaciones prácticas y su impacto en nuestra vida cotidiana.

Ahora ya tienes una imagen completa, pero... ¡ajusta tu cinturón para este viaje al futuro! ¿O tal vez no? Después de todo, el coche autónomo lo hará todo por ti...

CAPÍTULO 2: Tipos de Inteligencia Artificial

IA Débil vs IA Fuerte: Diferencias Fundamentales

La inteligencia artificial (IA) se puede dividir en dos categorías principales: IA débil e IA fuerte. Estas dos tipologías se diferencian por su grado de complejidad y por su capacidad para manejar tareas y situaciones. Mientras que la IA débil está diseñada para realizar actividades específicas, la IA fuerte se refiere a la idea de una máquina que podría poseer una inteligencia comparable a la humana, con la capacidad de comprender, aprender y resolver problemas de manera autónoma y flexible.

IA Débil (Narrow AI)

La IA débil, o narrow AI, es la que conocemos y utilizamos comúnmente hoy en día. Son sistemas diseñados para ejecutar tareas específicas con alta eficiencia, pero limitados a un único ámbito. La IA débil no tiene una comprensión general del mundo y no puede abordar problemas fuera de aquellos para los que ha sido entrenada o programada.

Ejemplos comunes de IA débil incluyen:

- Asistentes de voz como Siri, Alexa o Google Assistant, que responden a comandos específicos.

- Sistemas de recomendación como los de Netflix o Amazon, que sugieren películas o productos basados en los datos del comportamiento pasado de los usuarios.

- Algoritmos de reconocimiento facial, utilizados en seguridad o en redes sociales para identificar personas en imágenes.

- Coches autónomos, que utilizan IA para navegar en entornos de tráfico. La IA débil destaca en estas tareas porque ha sido diseñada para optimizarlas y perfeccionarlas a través de técnicas como el machine learning o el deep learning. Sin embargo, no tiene la capacidad de razonar o comprender más allá de sus funciones específicas. Por ejemplo, un asistente de voz puede responder a preguntas predefinidas, pero no puede convertirse en un jugador de ajedrez de repente si no ha sido programado para ello.

IA Fuerte (Strong AI)

La IA fuerte, o Inteligencia Artificial General (AGI), representa una categoría teórica de inteligencia artificial mucho más avanzada, capaz de pensar, razonar y comprender de manera similar a un ser humano. La AGI podría, en teoría, resolver cualquier tipo de problema intelectual que un ser humano pueda enfrentar, con la capacidad de generalizar los conocimientos adquiridos en un contexto y aplicarlos en otros.

Mientras que la IA débil está limitada a tareas concretas, la IA fuerte tendría capacidades cognitivas flexibles y adaptables, como:

- Aprendizaje autónomo en varios campos del conocimiento sin necesidad de entrenamiento específico para cada tarea.

- Pensamiento crítico y creativo, con la capacidad de formular hipótesis, planificar a largo plazo y adaptarse a situaciones nuevas.

- Autoconciencia y comprensión de las emociones, lo que permitiría que la IA fuerte interactuara con el mundo de manera similar a los humanos.

Un ejemplo hipotético de IA fuerte sería un robot que, como un ser humano, puede conversar sobre cualquier tema, aprender nuevas habilidades de forma autónoma, resolver problemas complejos de manera innovadora y reaccionar a situaciones imprevistas con inteligencia y creatividad. Aunque la IA fuerte es un concepto muy discutido, actualmente no existen sistemas que hayan alcanzado estas capacidades. El logro de una verdadera IA fuerte conlleva enormes desafíos técnicos y filosóficos, así como cuestiones éticas relacionadas con el control y la seguridad de una inteligencia autónoma tan avanzada.

Comparación entre IA Débil e IA Fuerte

La principal diferencia entre la IA débil y la IA fuerte radica en la flexibilidad y la capacidad de generalización. La IA débil está especializada y limitada a tareas específicas, mientras que la IA fuerte tendría una comprensión universal y la capacidad de abordar problemas como un ser humano, abarcando diversos campos sin limitaciones.

Mientras que los sistemas de IA débil están revolucionando sectores como la automatización industrial, la salud y el transporte, la IA fuerte sigue siendo, por el momento, una aspiración teórica. Sin embargo, los avances en el aprendizaje automático y en el deep learning nos están acercando, aunque muy lentamente, a una posible realización de una AGI, lo que plantea preguntas sobre cómo gestionar una inteligencia tan poderosa y autónoma.

En las próximas décadas, la investigación no solo se centrará en el desarrollo tecnológico para alcanzar la IA fuerte, sino también en la definición de sus implicaciones éticas y en la creación de directrices para garantizar que dichos sistemas funcionen de manera segura y conforme a los intereses de la humanidad.

IA Simbólica (Good Old-Fashioned AI): Técnicas Basadas en Reglas y Representaciones Simbólicas

La IA simbólica, a menudo llamada "Good Old-Fashioned AI" (GOFAI), representa el primer enfoque histórico para el desarrollo de la inteligencia artificial, surgido en las décadas de 1950 y 1960. Esta forma de IA se basa en un modelo cognitivo que intenta replicar el razonamiento humano a través de reglas lógicas y representaciones simbólicas del conocimiento. A diferencia de las tecnologías modernas como el machine learning o el deep learning, que aprenden de los datos, la IA simbólica utiliza un enfoque descendente ("top-down"), en el cual el conocimiento del mundo se codifica mediante reglas predefinidas, estructuradas y comprensibles, más cercanas a la programación tradicional.

¿Cómo Funciona la IA Simbólica?

La IA simbólica se basa en la idea de que la inteligencia puede representarse mediante símbolos y reglas lógicas que los conectan. Estos símbolos pueden representar objetos, conceptos o situaciones del mundo real, mientras que las reglas definen cómo manipular estos símbolos para resolver problemas o tomar decisiones. Las técnicas empleadas incluyen lógica proposicional, lógica de predicados y sistemas basados en reglas.

El proceso de resolución de problemas en un sistema de IA simbólica es similar al de un ser humano que sigue una serie de pasos lógicos para llegar a una conclusión. La IA simbólica requiere que los desarrolladores codifiquen manualmente las reglas y las representaciones, un proceso que implica un conocimiento profundo del dominio específico y mucho esfuerzo para anticipar todas las posibles situaciones. Por ejemplo, si un sistema debe diagnosticar una enfermedad, necesita reglas bien definidas para determinar los síntomas, compararlos con posibles enfermedades y sugerir diagnósticos basados en esas reglas.

Sistemas Expertos: Una Aplicación Clave de la IA Simbólica

Uno de los ejemplos más conocidos de aplicaciones de la IA simbólica son los sistemas expertos. Estos son programas diseñados para emular el proceso de toma de decisiones de un experto humano en un dominio específico, utilizando un conjunto de reglas predefinidas que guían el razonamiento. Los sistemas expertos se han utilizado ampliamente en campos como la medicina, la ingeniería y las finanzas.

Un ejemplo clásico es MYCIN, un sistema experto desarrollado en la década de 1970 para ayudar a los médicos a diagnosticar infecciones bacterianas y prescribir antibióticos. MYCIN funcionaba haciendo preguntas específicas al médico sobre el historial del paciente y los síntomas, y luego utilizaba una serie de reglas para sugerir diagnósticos y tratamientos apropiados. Aunque MYCIN no fue perfecto ni adoptado clínicamente, representó un avance importante en la demostración del potencial de la IA en el campo médico.

Otro ejemplo importante es DENDRAL, un sistema experto desarrollado para el análisis químico que se utilizó para deducir la estructura molecular de compuestos químicos desconocidos a partir de datos espectroscópicos.

Ventajas y Limitaciones de la IA Simbólica

Una de las principales ventajas de la IA simbólica es su transparencia y explicabilidad. Dado que las reglas y los procesos de razonamiento están codificados explícitamente, es fácil entender cómo el sistema llega a una determinada decisión. Esto es especialmente útil en sectores críticos como la medicina o las finanzas, donde es importante poder explicar el motivo de un diagnóstico o una recomendación.

Sin embargo, la IA simbólica también tiene importantes limitaciones:

1. **Rigidez**: Dado que la IA simbólica se basa en reglas predefinidas, es muy rígida. Si las reglas no cubren un caso particular o si se introduce una nueva variable, el sistema no puede adaptarse.

2. **Dificultad para Escalar**: A medida que el dominio se vuelve más complejo, el número de reglas necesarias para cubrir todas las posibles situaciones aumenta exponencialmente, lo que dificulta mantener y actualizar los sistemas.

3. **Falta de Aprendizaje**: A diferencia de los sistemas modernos de machine learning, la IA simbólica no puede aprender de los datos de manera autónoma. Toda nueva información debe ser insertada manualmente.

Comparación con Tecnologías Modernas

Hoy en día, la IA simbólica ha sido mayormente reemplazada por el machine learning y el deep learning, que permiten a los sistemas aprender de los datos sin la necesidad de codificar manualmente cada regla. Sin embargo, sigue habiendo campos en los que la IA simbólica encuentra aplicación, especialmente cuando la explicabilidad es crucial o cuando se trabaja en dominios con conocimientos bien estructurados y estáticos.

Además, hay un interés renovado en la hibridación de enfoques simbólicos y machine learning. Este enfoque intenta combinar las ventajas de la IA simbólica (transparencia y explicabilidad) con el poder del aprendizaje automático, creando sistemas que puedan aprender de los datos pero que sigan siendo comprensibles y verificables.

INTRODUCCIÓN AL MACHINE LEARNING

El machine learning (ML) es una rama de la inteligencia artificial que se enfoca en la capacidad de las máquinas para aprender a partir de los datos y mejorar su rendimiento sin ser programadas explícitamente. A diferencia de la programación tradicional, donde cada paso es definido por el programador, en el machine learning los algoritmos procesan grandes cantidades de datos para identificar patrones y tomar decisiones basadas en ellos.

Los algoritmos de machine learning se pueden clasificar en tres categorías principales: aprendizaje supervisado, aprendizaje no supervisado y aprendizaje por refuerzo. Cada categoría tiene sus propios objetivos y emplea diferentes técnicas para resolver problemas complejos.

Ahora veremos los principales algoritmos de machine learning y cómo funcionan, anticipando que profundizaremos en estas técnicas en un capítulo posterior.

Principales Algoritmos de Machine Learning

1. **Regresión Lineal**

   La regresión lineal es un algoritmo de aprendizaje supervisado que se utiliza para predecir un valor continuo en función de una o más variables independientes. Se busca encontrar una línea recta que se ajuste mejor a los datos, minimizando la diferencia entre los valores predichos y los valores reales. Se utiliza comúnmente para predicciones como el crecimiento de ventas o el precio de bienes inmuebles basados en características medibles (por ejemplo, el tamaño de una casa).

2. **Árboles de Decisión**

   Los árboles de decisión son algoritmos que crean un modelo predictivo en forma de árbol, donde cada nodo representa una decisión basada en una característica de los datos. Por ejemplo, en un sistema de aprobación de préstamos bancarios, cada nodo del árbol podría representar una condición como los ingresos o el historial crediticio. Los árboles de decisión se utilizan tanto para clasificación como para regresión.

3. **K-Means Clustering**

   El K-means es un algoritmo de aprendizaje no supervisado que se utiliza para dividir los datos en K grupos (clusters) basados en su similitud. Se emplea para identificar patrones ocultos o grupos naturales en los datos, como segmentar a los clientes de un comercio electrónico según su comportamiento de compra.

Ejemplo Práctico: Reconocimiento de Imágenes

Una aplicación práctica común del machine learning es el reconocimiento de imágenes. Utilizando algoritmos de clasificación, como las redes neuronales convolucionales (CNN), las computadoras pueden aprender a distinguir entre diferentes categorías de objetos dentro de las imágenes.

Por ejemplo, en el reconocimiento facial, un modelo se entrena con miles de imágenes etiquetadas de rostros humanos. Durante el entrenamiento, el sistema aprende a identificar características clave (como los ojos, la nariz y la boca) y a clasificarlas según su similitud con los datos previamente aprendidos. Las redes neuronales convolucionales analizan la imagen en varios niveles, desde los detalles más simples (líneas y formas) hasta patrones más complejos (estructuras faciales), para hacer predicciones precisas.

Estos algoritmos requieren una gran potencia de cálculo, por lo que a menudo se entrenan en servidores potentes o utilizando GPU especializadas para manejar grandes volúmenes de datos visuales. Este proceso puede requerir conjuntos de datos muy amplios y herramientas de adquisición, como cámaras de alta resolución, para proporcionar imágenes de calidad.

En el capítulo dedicado, exploraremos en mayor profundidad los diferentes algoritmos y aplicaciones del machine learning, con un enfoque en cómo estos sistemas aprenden y mejoran, transformando muchos aspectos de nuestra vida cotidiana.

Deep Learning: Redes Neuronales Profundas y sus Arquitecturas

El deep learning es una subrama del machine learning que utiliza redes neuronales artificiales inspiradas en la estructura del cerebro humano. Estas redes se llaman "profundas" porque constan de múltiples capas (o niveles) de neuronas artificiales, capaces de procesar información compleja y reconocer patrones en los datos. A diferencia de los algoritmos tradicionales de machine learning, que suelen requerir un preprocesamiento manual de los datos, las redes neuronales profundas pueden aprender representaciones jerárquicas, automatizando gran parte del análisis de los datos.

¿Cómo Funcionan las Redes Neuronales Profundas?

Las redes neuronales profundas están compuestas por varias capas de neuronas artificiales. Cada neurona en una capa recibe entradas de la capa anterior, procesa la información y la transmite a la siguiente capa. Los primeros niveles suelen identificar características básicas (por ejemplo, líneas o formas simples), mientras que los niveles más profundos reconocen patrones más complejos (como caras humanas u objetos específicos).

Cada conexión entre las neuronas tiene un peso que se ajusta durante el entrenamiento del modelo. El entrenamiento se realiza mediante un proceso llamado backpropagation, donde el error entre la predicción del modelo y el valor real se "propaga" hacia atrás a través de la red, ajustando los pesos para mejorar la precisión.

Debido a la gran cantidad de cálculos y datos necesarios, el deep learning puede requerir hardware especializado, como GPU de alto rendimiento o servidores para manejar el procesamiento intensivo. Además, es fundamental contar con conjuntos de datos muy grandes para entrenar modelos precisos.

Arquitecturas de Deep Learning

Las redes neuronales profundas se implementan a través de diferentes arquitecturas, según el tipo de problema que se quiera resolver. Entre las más comunes encontramos:

1. **Redes Neuronales Convolucionales (CNN)**: Ampliamente utilizadas en reconocimiento de imágenes y visión por computadora. Las CNN son eficaces porque utilizan convoluciones, es decir, filtros que recorren las imágenes para identificar características como bordes, formas o texturas. Cada capa convolucional reduce la complejidad de las imágenes, facilitando la clasificación de objetos en categorías específicas. Las CNN son la base de tecnologías como el reconocimiento facial en smartphones y sistemas de vigilancia.

2. **Redes Neuronales Recurrentes (RNN)**: Se utilizan para datos secuenciales, ya que mantienen una "memoria" de la información

pasada. Son ideales para tareas que requieren entender el contexto a lo largo del tiempo, como la traducción automática o la predicción de series temporales. Por ejemplo, Google Translate utiliza una variante de las RNN llamada Long Short-Term Memory (LSTM), que mejora la traducción considerando el contexto completo de una frase, en lugar de traducir palabra por palabra.

Ejemplos de Uso del Deep Learning

1. **Reconocimiento Facial**: El reconocimiento facial es uno de los ejemplos más comunes del uso de deep learning. Las redes neuronales convolucionales se entrenan con millones de imágenes de rostros para aprender a reconocer rasgos distintivos como la distancia entre los ojos, la forma de la nariz y la estructura facial. Esta tecnología se utiliza en dispositivos como smartphones para desbloquear la pantalla mediante el reconocimiento facial, y en seguridad para identificar personas en tiempo real.

2. **Traducción Automática**: La traducción automática es otro ejemplo importante de la aplicación del deep learning. Sistemas como Google Translate utilizan redes neuronales recurrentes o modelos más recientes como los transformers, que aprovechan el aprendizaje profundo para traducir textos entre diferentes idiomas. A diferencia de los enfoques tradicionales basados en reglas, las redes neuronales capturan el contexto y el significado de frases enteras, mejorando la calidad de las traducciones.

IA Generativa: Modelos Generativos y sus Aplicaciones

La inteligencia artificial generativa es una rama de la IA que se centra en crear nuevos contenidos (imágenes, textos, audio) utilizando modelos matemáticos. A diferencia de la IA tradicional, que se enfoca en tareas como la clasificación o el reconocimiento, los modelos generativos son capaces de producir datos completamente nuevos y originales. Esto se logra mediante el aprendizaje de patrones a partir de datos existentes, para luego generar contenido similar a los datos con los que han sido entrenados.

Entre los modelos generativos más conocidos y utilizados hoy en día se encuentran las GAN (Generative Adversarial Networks) y los transformers, como el famoso GPT-3. Estas tecnologías han revolucionado varios sectores, permitiendo la creación de imágenes artificiales, textos convincentes e incluso videos o sonidos.

Generative Adversarial Networks (GAN)

Las GAN son una de las tecnologías más innovadoras en el campo de la IA generativa. Introducidas en 2014 por Ian Goodfellow, las GAN están formadas por dos redes neuronales que compiten entre sí: un generador y un discriminador.

- **Generador**: Su tarea es crear nuevos datos (por ejemplo, imágenes) intentando que parezcan lo más realistas posible.

- **Discriminador**: Su tarea es diferenciar entre los datos generados y los reales, identificando si una imagen ha sido creada artificialmente o es una imagen verdadera.

Esta dinámica competitiva permite que el generador mejore continuamente hasta crear datos que son prácticamente indistinguibles de los reales. Las GAN han encontrado numerosas aplicaciones, como la generación de imágenes artificiales, la mejora de la resolución de imágenes (superresolución) y la creación de videos realistas.

Un ejemplo práctico del uso de las GAN es la creación de rostros humanos artificiales. Sitios como ThisPersonDoesNotExist.com utilizan GAN para generar imágenes de rostros que parecen auténticos, pero que en realidad no pertenecen a ninguna persona real. Las GAN también se utilizan ampliamente en el arte generativo, donde los artistas emplean modelos de IA para crear obras de arte digitales únicas.

El deep learning ha revolucionado la inteligencia artificial gracias a su capacidad para resolver problemas complejos, como el reconocimiento de imágenes y la traducción automática, a través de redes neuronales profundas. Las CNN y las RNN son algunas de las arquitecturas más avanzadas y poderosas, capaces de mejorar continuamente gracias a la disponibilidad de grandes conjuntos de datos y al aumento de la potencia computacional. En los próximos capítulos, exploraremos más a fondo las aplicaciones prácticas de estas redes y los nuevos horizontes que el deep learning está abriendo en sectores como la medicina, la automoción y la creatividad asistida.

Transformer y GPT-3

Otro pilar fundamental de la IA generativa es el uso de los transformer, especialmente en el campo del procesamiento del lenguaje natural (NLP). Los modelos transformer fueron introducidos para superar las limitaciones de las redes neuronales recurrentes (RNN), que solían ser lentas y tenían dificultades para manejar secuencias de datos largas.

El transformer más famoso es **GPT-3** (Generative Pre-trained Transformer 3), desarrollado por OpenAI. GPT-3 es un modelo de lenguaje entrenado con enormes cantidades de texto de Internet y utiliza una arquitectura de transformer para generar textos coherentes y complejos a partir de entradas simples. Gracias a su capacidad para "comprender" el contexto y producir respuestas plausibles, GPT-3 puede escribir artículos, cuentos, correos electrónicos, poesías, e incluso responder a preguntas técnicas o generar código.

¿Por Qué los Transformer Son tan Poderosos?

La fuerza de los modelos transformer reside en su capacidad para captar relaciones complejas entre palabras en un texto. A diferencia de los enfoques tradicionales que procesan el texto palabra por palabra, los transformer consideran toda la oración o párrafo a la vez, capturando el contexto global para generar respuestas más precisas y naturales. Por ejemplo, GPT-3 es capaz de generar un artículo convincente sobre un tema con tan solo un título o algunas frases iniciales como entrada.

Aplicaciones de GPT-3

Las aplicaciones de GPT-3 son vastas y variadas. Algunos ejemplos incluyen:

- **Creación automática de contenido**: GPT-3 puede generar artículos, publicaciones en redes sociales, correos electrónicos o informes, ahorrando tiempo y esfuerzo en tareas de escritura.

- **Chatbots inteligentes**: GPT-3 puede alimentar chatbots que interactúan con los usuarios de forma natural y fluida, sin dar la impresión de estar hablando con una máquina.

- **Generación de código**: Programas como GitHub Copilot, basados en GPT-3, pueden ayudar a los desarrolladores a generar fragmentos de código automáticamente.

Modelos Transformer en IA Generativa

La IA generativa, como GPT-3, se está posicionando como una de las fronteras más avanzadas de la inteligencia artificial, con modelos que están transformando la creación y el uso de contenidos digitales. Los transformer y las redes adversariales generativas (GAN), mencionadas anteriormente, están revolucionando sectores como el arte digital, la producción de texto y las interacciones automatizadas.

En los próximos años, se espera que la IA generativa amplíe aún más sus aplicaciones, estableciendo nuevos estándares en sectores como el entretenimiento, la automatización de tareas creativas y la comunicación digital.

Reflexión sobre los Conceptos Tratados

En este capítulo hemos abordado distintos tipos de inteligencia artificial, incluyendo desde conceptos básicos como la IA débil y fuerte hasta temas más técnicos como los sistemas de machine learning, deep learning e IA generativa. Es comprensible que la cantidad de información pueda generar cierta confusión, ya que estos conceptos se vuelven cada vez más complejos.

¿Qué es un Modelo de Inteligencia Artificial?

Un **modelo de inteligencia artificial** es un "programa inteligente" que se entrena para realizar una tarea específica. Por ejemplo, si se quiere crear un modelo que reconozca imágenes de perros y gatos, primero se alimenta al modelo con muchas imágenes etiquetadas correctamente de ambos animales. Durante el proceso de entrenamiento, el modelo aprende a identificar qué características lo ayudan a distinguir entre perros y gatos. Al final, debería ser capaz de hacer predicciones precisas sobre nuevas imágenes, generalizando a partir de los patrones que aprendió.

Próximos Pasos: Hardware y Algoritmos

En los próximos capítulos, profundizaremos en temas fundamentales como el hardware detrás de la IA y cómo se construyen estos sistemas en la práctica. Además, explicaremos cómo funcionan los algoritmos que permiten a los modelos de IA procesar datos, aprender y tomar decisiones, sentando las bases para un conocimiento más completo y sólido antes de explorar otros temas técnicos en mayor detalle.

¿Dónde se encuentran estos modelos? Servidores y Cloud

Los modelos de IA no son objetos físicos que se puedan tocar. Son programas o software que deben ejecutarse en computadoras. Sin embargo, no son las computadoras que usamos a diario para navegar por internet o escribir documentos; se necesitan computadoras muy potentes, llamadas **servidores**, que están ubicadas en grandes estructuras llamadas **centros de datos**. Estos servidores son capaces de manejar enormes cantidades de datos y realizar cálculos complejos a gran velocidad.

- **Centros de Datos**: Imagina grandes salas llenas de servidores interconectados. Estos servidores son responsables de procesar y almacenar enormes cantidades de datos y los modelos de IA. Empresas como Google, Amazon y Microsoft tienen cientos de centros de datos en todo el mundo. Cuando se entrena o se ejecuta un modelo de IA, generalmente lo hace en estos servidores.

- **Cloud**: A menudo se escucha que los modelos de IA "están en la nube". La nube es simplemente una forma de decir que los programas o datos no están almacenados en tu computadora, sino en estos servidores remotos. Cuando accedes a un servicio de IA, como un asistente de voz o una función de reconocimiento facial, realmente estás enviando una solicitud a uno de estos servidores en la nube, que procesa los datos y te devuelve una respuesta.

El Trabajo Diario: ¿Cómo se Crea una Inteligencia Artificial?

Los **ingenieros de machine learning** y los **data scientists** son los encargados de diseñar, construir, entrenar y optimizar los modelos de inteligencia artificial. Su trabajo es técnico, pero puede desglosarse en pasos más simples. A continuación, te explico qué hacen en la práctica:

1. **Recolección y Preparación de Datos** Uno de los primeros pasos es recolectar los datos necesarios para entrenar el modelo. Los datos son esenciales, ya que todo el proceso de aprendizaje de la IA se basa en ellos. Pueden ser imágenes, textos, audio o cualquier tipo de información relevante.

    - **Recolección de datos**: Los ingenieros buscan fuentes de datos, como bases de datos públicas o de empresas. Por ejemplo, para entrenar un modelo que reconozca imágenes de automóviles, se podrían recolectar miles de fotos de automóviles desde diferentes ángulos.

    - **Limpieza de datos**: A menudo, los datos no son perfectos. Pueden tener errores, duplicados o información faltante. Los ingenieros "limpian" los datos eliminando todo lo que pueda afectar negativamente el entrenamiento del modelo.

    - **Preprocesamiento**: Antes de ser utilizados, los datos se preparan. Esto puede incluir normalizar los datos, cambiar el tamaño de las imágenes o convertir la información a un formato que el modelo pueda entender.

2. **Diseño del Modelo** Después de preparar los datos, el ingeniero diseña el modelo de IA, como una red neuronal o un algoritmo de machine learning. Este paso es crucial para el rendimiento del modelo.

    o **Elegir la arquitectura correcta**: Dependiendo del problema, se elige el tipo de red neuronal. Para reconocimiento de imágenes, se podría usar una red neuronal convolucional (CNN), mientras que para traducción de texto o predicción de series temporales, se podría optar por una red neuronal recurrente (RNN) o un transformer.

    o **Definir capas y parámetros**: El ingeniero define cuántas capas tendrá la red y cuántas neuronas incluir en cada capa. Cada neurona realiza cálculos sobre los datos para "aprender" algo nuevo.

    o **Seleccionar el algoritmo de aprendizaje**: Se elige un algoritmo que ayudará al modelo a aprender de los datos, como el algoritmo de descenso de gradiente (Gradient Descent).

3. **Entrenamiento del Modelo** Una vez diseñado, el modelo debe ser entrenado. El entrenamiento es el proceso mediante el cual el modelo "aprende" de los datos. Este paso requiere una gran potencia computacional.

    o **Feedforward**: Los datos se introducen en el modelo, que hace una primera predicción. Al principio, estas predicciones suelen ser incorrectas.

- **Cálculo del error**: El modelo compara sus predicciones con los resultados reales. Si la predicción es incorrecta, se calcula un error.

- **Backpropagation**: El error se propaga hacia atrás a través de la red, y los pesos de las neuronas se ajustan para reducir el error en la próxima predicción.

- **Optimización**: Se utilizan algoritmos de optimización, como Adam o SGD (Stochastic Gradient Descent), para que el modelo aprenda de manera más rápida y efectiva.

4. **Evaluación del Modelo** Después del entrenamiento, el modelo debe ser probado para verificar si ha aprendido correctamente. Para esto se usan datos de prueba, que el modelo no ha visto antes.

   - **Probar con nuevos datos**: Se introducen datos que el modelo no ha visto antes para ver cómo se desempeña. Si el modelo es preciso, significa que ha aprendido a generalizar.

   - **Medir el rendimiento**: Se utilizan métricas como la precisión (accuracy), la precisión (precision) y el recall para evaluar el rendimiento del modelo.

5. **Optimización y Ajustes** A menudo, un modelo no funciona perfectamente en el primer intento. Los ingenieros ajustan los parámetros del modelo para mejorar su rendimiento, como:

- **Tasa de aprendizaje (Learning rate)**: Si es demasiado baja, el entrenamiento es lento; si es demasiado alta, el modelo podría no aprender bien.

- **Capas y neuronas**: Agregar más capas o neuronas puede ayudar a captar información más compleja, pero aumenta el riesgo de sobreajuste (overfitting).

- **Tamaño del lote (Batch size)**: La cantidad de datos que el modelo procesa a la vez durante el entrenamiento puede afectar el rendimiento.

6. **Implementación: Poner el Modelo en Producción** Cuando el modelo está listo, se implementa en una aplicación real. Puede ejecutarse en un servidor o en un dispositivo como un smartphone o un automóvil autónomo.

    - **Ejecución en la nube**: Muchos modelos de IA se implementan en servidores en la nube, donde pueden ser utilizados por miles de usuarios simultáneamente.

    - **Optimización para dispositivos**: Antes de ser implementado, el modelo puede ser comprimido o optimizado para funcionar más rápido y consumir menos recursos en dispositivos con capacidad limitada.

Ahora, puede parecerte repetitivo, pero, retomando los puntos anteriores, veamos el proceso de un ingeniero de IA comparándolo con el trabajo de un adiestrador de perros. Aunque se trata de dos campos muy distintos, los pasos fundamentales de "entrenamiento" y "optimización" son sorprendentemente similares. Veamos cómo funciona cada fase:

1. Recolección y Preparación de Datos

Al igual que un adiestrador de perros necesita perros para entrenar, un ingeniero de machine learning necesita datos para enseñar al modelo. En el caso del ingeniero, los datos pueden ser imágenes, textos o números, mientras que para el adiestrador de perros, el "dato" principal es el comportamiento del perro en diversas situaciones (sentado, paseando, con otros animales).

Ejemplo:

- **Ingeniero de machine learning:** Debe recolectar miles de imágenes de perros y gatos, cada una etiquetada correctamente como "perro" o "gato", para entrenar un modelo de reconocimiento de imágenes. Estos datos luego deben limpiarse, eliminando las imágenes borrosas o inutilizables.

- **Adiestrador de perros:** Comienza con un perro que no tiene ningún entrenamiento. Antes de empezar, observa al perro en diversas situaciones para entender cómo se comporta naturalmente. El "preprocesamiento" aquí consiste en preparar al perro y al entorno para el entrenamiento (por ejemplo, asegurarse de que el perro esté calmado y que el ambiente esté libre de distracciones).

2. Diseño del Modelo

En machine learning, el ingeniero elige el tipo de modelo o red neuronal a usar según el problema. De la misma manera, un adiestrador de perros elige el mejor enfoque para enseñar un comando, dependiendo del comportamiento del perro.

Ejemplo:

- **Ingeniero de machine learning:** Si el objetivo es reconocer imágenes, el ingeniero selecciona una red neuronal convolucional (CNN), optimizada para procesar imágenes. Luego decide cuántas capas y neuronas usar para que el modelo sea lo suficientemente complejo para hacer buenas predicciones, pero no demasiado complicado de entrenar.

- **Adiestrador de perros:** Si el objetivo es enseñar al perro a sentarse, el adiestrador elige el mejor método. Podría usar el método de refuerzo positivo (dar una golosina cuando el perro se sienta) o un enfoque más avanzado si el perro ya tiene experiencia. Al igual que un ingeniero elige la complejidad del modelo, el adiestrador debe entender qué técnicas funcionarán mejor para el perro.

3. Entrenamiento del Modelo

Una vez configurado el modelo, comienza la fase de entrenamiento propiamente dicha. En el caso del ingeniero, esto significa hacer que el modelo "aprenda" de los datos. Para un adiestrador de perros, esta es la fase en la que el perro aprende nuevos comportamientos a través de prueba y error.

Ejemplo:

- **Ingeniero de machine learning:** Durante el entrenamiento, el modelo analiza miles de imágenes y trata de adivinar si se trata de un perro o un gato. Si se equivoca, el sistema calcula el error y ajusta los pesos de las neuronas (similar a cambiar de enfoque con el perro) para mejorar la precisión en la próxima iteración. Este ciclo se repite hasta que el modelo sea lo suficientemente preciso.

- **Adiestrador de perros:** Supongamos que el perro debe aprender a sentarse por orden. El adiestrador da la orden "siéntate", y cuando el perro ejecuta el comportamiento correcto, recibe una recompensa (por ejemplo, una golosina). Si el perro no obedece, el adiestrador ajusta su enfoque (quizás usa un tono de voz diferente o una guía física) para obtener el comportamiento deseado. A través de la repetición, el perro aprende que la orden "siéntate" lleva a una recompensa si se ejecuta correctamente.

4. Evaluación del Modelo

Una vez que el ingeniero ha entrenado el modelo, debe ver cómo se comporta con nuevos datos. De la misma manera, un adiestrador de perros debe verificar si el perro obedece el comando en situaciones diferentes, no solo durante las sesiones de entrenamiento.

Ejemplo:

- **Ingeniero de machine learning:** El ingeniero le presenta al modelo imágenes que nunca ha visto antes. Si el modelo puede distinguir correctamente entre perros y gatos con estos nuevos datos, significa que ha aprendido bien. Si falla con frecuencia, será necesario modificar el modelo o revisar los datos.

- **Adiestrador de perros:** Después de enseñar al perro a sentarse en un ambiente tranquilo, el adiestrador debe comprobar si el perro obedece también en contextos diferentes, como un parque con muchas distracciones. Si el perro responde bien incluso en estas condiciones, el entrenamiento ha sido efectivo. De lo contrario, es posible que sea necesario reforzar el comportamiento en ambientes distintos.

5. Optimización y Ajustes

No siempre el entrenamiento funciona perfectamente al primer intento. Los ingenieros de machine learning deben optimizar su modelo ajustando los parámetros para mejorar el rendimiento. De igual manera, un adiestrador de perros puede tener que ajustar su método según los progresos del perro.

Ejemplo:

- **Ingeniero de machine learning:** Después del entrenamiento, el ingeniero puede notar que el modelo no es lo suficientemente preciso. En este punto, puede modificar los parámetros (como el número de capas de la red o la tasa de aprendizaje) para optimizar el rendimiento y reducir el error. Este proceso requiere ajustes continuos.

- **Adiestrador de perros:** Si el perro es lento en responder a los comandos o no mantiene la atención, el adiestrador podría cambiar la estrategia. Podría reducir la cantidad de distracciones o utilizar recompensas más motivadoras para el perro. Esto es similar al "ajuste" que hace un ingeniero con los parámetros del modelo.

6. Puesta en Práctica (Deployment)

Cuando el modelo está listo, el ingeniero lo despliega para que sea usado en una aplicación real. De la misma forma, un adiestrador de perros verifica que el perro aplique los comandos en la vida cotidiana.

Ejemplo:

- **Ingeniero de machine learning:** El modelo se despliega en servidores o aplicaciones donde puede ser utilizado por miles de personas. Por ejemplo, el reconocimiento facial en un teléfono inteligente usa modelos de IA entrenados que se ejecutan directamente en el dispositivo o en la nube.

- **Adiestrador de perros:** Cuando el perro ha aprendido bien los comandos, el adiestrador y el dueño empiezan a poner en práctica lo aprendido en la vida cotidiana. Por ejemplo, el dueño puede dar la orden "siéntate" en el parque o en casa, sabiendo que el perro responderá correctamente incluso fuera del ambiente de entrenamiento.

El ingeniero de machine learning y el adiestrador de perros siguen procesos muy similares para enseñar y mejorar el comportamiento, ya sea para un modelo de IA o para un perro. En ambos casos, se empieza por la recolección de datos (o observaciones), se diseña un método, se entrena con retroalimentación y repetición, y finalmente se optimiza el proceso para obtener los mejores resultados. Aunque los contextos son diferentes, los principios de aprendizaje y optimización son universales.

Definición de algoritmos

Un algoritmo es una secuencia de pasos o instrucciones, contenidas en el software que una computadora sigue para resolver un problema o alcanzar un objetivo. Es similar a una receta que te guía paso a paso sobre qué hacer para obtener un resultado, tal como cuando sigues una receta para hacer un pastel. En el contexto de la inteligencia artificial (IA), un algoritmo guía a la computadora sobre cómo analizar los datos, tomar decisiones o hacer predicciones, aprendiendo de los propios datos.

Veamos cómo funciona aplicado a la IA:

1. Datos de Entrada: El algoritmo recibe datos (los ingredientes). Por ejemplo, en el caso de un modelo de IA que reconoce imágenes, recibe miles de imágenes etiquetadas como perros o gatos. Estas imágenes están representadas por números, ya que cada imagen está formada por una cuadrícula de píxeles, y cada píxel se representa mediante valores numéricos (colores, intensidad de luz).

2. Fases de Procesamiento (Instrucciones): El modelo sigue una serie de operaciones para analizar estos números y aprender qué características distinguen a un perro de un gato. Estas operaciones son similares a las instrucciones de la receta del pastel: el algoritmo busca patrones, compara ejemplos, actualiza sus hipótesis y "aprende" a medida que examina más datos.

   Durante esta fase, el algoritmo ajusta sus parámetros internos para mejorar sus predicciones. En el mundo de la cocina, esto es como entender cuánta harina o azúcar usar para obtener la consistencia perfecta.

3. Error y Corrección: Durante el procesamiento, el algoritmo puede cometer errores. Por ejemplo, podría confundir un gato con un perro. Cuando esto sucede, el algoritmo recibe una retroalimentación (similar a probar el pastel para ver si le falta algo) y ajusta sus parámetros para mejorar su precisión.

4. Salida (Resultado Final): Una vez que se completa el proceso, el algoritmo proporciona una salida: por ejemplo, puede indicar si la imagen contiene un perro o un gato. El modelo está diseñado para aprender de sus errores, por lo que cuanta más información recibe, más preciso se vuelve al proporcionar salidas correctas.

Ejemplo del Pastel: Una Analogía para Entender un Algoritmo

Imagina que quieres hacer un pastel. Antes de empezar, necesitas saber cómo combinar los ingredientes y qué procedimiento seguir. Así es como la analogía de la receta del pastel puede ayudarte a entender cómo funciona un algoritmo.

1. Entrada: Los Ingredientes

   El primer paso de un algoritmo es tomar entradas, es decir, los datos necesarios para realizar la tarea. En el caso del pastel, los ingredientes son la entrada, como la harina, el azúcar, la mantequilla, los huevos, la levadura, etc.

   En la inteligencia artificial, las entradas son los datos que proporcionas al modelo. Por ejemplo, si estás creando un algoritmo para reconocer imágenes de perros, las imágenes mismas representan las entradas.

2. Instrucciones: La Receta

   El núcleo del algoritmo son las instrucciones a seguir. Para el pastel, estas instrucciones están definidas en la receta, que te dice exactamente qué hacer con los ingredientes: "mezcla la harina y el azúcar", "agrega los huevos", "hornea a 180°C durante 30 minutos". Cada paso de la receta es fundamental para llegar al resultado final.

   De manera similar, en un algoritmo de inteligencia artificial, hay reglas u operaciones matemáticas que se aplican a los datos (las entradas). Estas operaciones pueden incluir la clasificación de datos, el cálculo de probabilidades o la identificación de patrones dentro de los datos. El algoritmo debe seguir estos pasos rigurosamente para llegar a la solución o al resultado deseado.

3. Procesamiento: Preparación y Cocción

   Mientras sigues la receta para hacer el pastel, pasas por una fase de procesamiento. Mezclas los ingredientes, preparas la masa y la colocas en el horno. Esta fase es crucial porque los diferentes ingredientes se combinan y transforman para crear el pastel final.

En la IA, el procesamiento es cuando el algoritmo realiza sus cálculos sobre los datos. Por ejemplo, si el algoritmo está reconociendo una imagen, en esta fase examinará los píxeles de la foto, comparándolos con lo que ha aprendido durante el entrenamiento. Esta fase puede requerir muchos cálculos complejos, como la comparación de millones de imágenes para identificar las características básicas que distinguen a un perro de un gato.

4. Salida: El Pastel Listo

   Después de que tu pastel ha sido preparado y horneado, tienes la salida, es decir, el resultado final. Si seguiste correctamente todas las instrucciones, el resultado será un delicioso pastel.

   En la inteligencia artificial, la salida es el resultado que el algoritmo produce después de analizar y procesar los datos. Si el algoritmo ha sido entrenado correctamente, podría, por ejemplo, identificar que la imagen proporcionada es un perro, con un cierto nivel de precisión. Al igual que un pastel puede salir perfecto o con algunos defectos, la salida de un algoritmo podría ser precisa o contener errores, dependiendo de cómo fue entrenado y de los datos que recibió.

   ¿Qué Sucede si Algo Sale Mal?

   En la receta del pastel, si cometes un error en algún paso o si los ingredientes no son de buena calidad, el pastel podría no salir bien. Lo mismo ocurre con los algoritmos. Si los datos de entrada no son correctos o están incompletos, o si el algoritmo no ha sido bien diseñado, la salida podría estar equivocada. Es como si el pastel no subiera correctamente o estuviera quemado.

Por ejemplo, si un algoritmo de reconocimiento de imágenes se entrena con fotos que no son representativas (tal vez solo imágenes en blanco y negro), podría no funcionar bien con imágenes en color o de alta calidad. Esta es una de las razones por las que es esencial proporcionar datos de buena calidad durante el entrenamiento.

Algoritmo e Inteligencia Artificial

En la inteligencia artificial, un algoritmo no se limita a realizar una tarea fija. A menudo, el algoritmo está diseñado para aprender y mejorar con el tiempo. Por ejemplo, cuando se usa un algoritmo de IA para traducir textos, al principio puede cometer errores, pero con el tiempo, y con más ejemplos, se vuelve cada vez más preciso.

Este proceso de aprendizaje es lo que hace que la inteligencia artificial sea tan poderosa. Los algoritmos no solo siguen una serie de reglas, sino que aprenden de sus errores y se vuelven más hábiles a medida que procesan más datos, al igual que un cocinero mejora sus recetas con la práctica.

En conclusión, podemos decir que un algoritmo es como una receta, parte del software, que guía a una computadora a través de una serie de pasos para resolver un problema o alcanzar un objetivo. En la inteligencia artificial, los algoritmos toman datos como entrada, los procesan mediante una serie de cálculos y producen una salida, aprendiendo de sus errores para mejorar con el tiempo. Así como una receta bien seguida produce un pastel delicioso, un algoritmo bien diseñado y entrenado puede proporcionar resultados precisos y útiles.

CAPÍTULO 3: Algoritmos Fundamentales del Aprendizaje Automático

En este capítulo nos sumergiremos en el núcleo del aprendizaje automático (machine learning, ML), explorando los principales algoritmos que hacen posible este tipo de aprendizaje. Aunque el machine learning es una disciplina compleja con múltiples facetas, nuestro objetivo es proporcionar una visión clara y accesible. Intentaremos explicar en detalle cómo funcionan estos algoritmos, conscientes de que entender completamente las bases técnicas puede requerir conocimientos avanzados, como los de un ingeniero en informática.

A pesar de la complejidad del tema, veremos cómo los conceptos clave pueden aplicarse en numerosos sectores —desde la medicina y las finanzas hasta el marketing— y cómo el machine learning está transformando el mundo moderno. Utilizaremos ejemplos prácticos para ilustrar las aplicaciones de estos algoritmos, demostrando cómo la teoría se traduce en impactos concretos.

Este capítulo proporcionará una base sólida para comprender los mecanismos detrás de la inteligencia artificial moderna, utilizando un lenguaje accesible pero lo suficientemente técnico como para captar la esencia de los procesos de aprendizaje supervisado, no supervisado y otras metodologías fundamentales.

Aprendizaje Supervisado

El aprendizaje supervisado es una de las técnicas más comunes y fundamentales en el campo del aprendizaje automático. En este enfoque, un modelo se entrena utilizando un conjunto de datos etiquetados, donde cada ejemplo de entrada ya tiene asociada una salida correcta. El objetivo es que el modelo aprenda la relación entre la entrada y la salida para poder hacer predicciones precisas sobre nuevos datos no vistos. En otras palabras, el sistema "aprende" de la experiencia pasada para generalizar y resolver tareas similares en el futuro.

Este tipo de aprendizaje se usa ampliamente para problemas de clasificación (como reconocer si un correo electrónico es spam o no) y de regresión (predecir un valor continuo como el precio de una casa). Durante el proceso de entrenamiento, el modelo "ve" un conjunto de datos etiquetados e intenta optimizar sus parámetros para minimizar el error entre sus predicciones y los valores reales.

¿Cómo Funciona el Aprendizaje Supervisado?

El aprendizaje supervisado se desarrolla en tres fases principales:

1. **Recolección y preparación de datos:** El primer paso consiste en obtener un conjunto de datos representativo del problema que se quiere resolver. Este conjunto de datos debe incluir pares de entrada-salida. Por ejemplo, en el caso de la clasificación de correos

electrónicos como spam, el conjunto de datos estará compuesto por correos ya etiquetados como "spam" o "no spam".

2. **Entrenamiento del modelo:** Una vez que se han recolectado los datos, se utilizan para entrenar el modelo. Este proceso consiste en encontrar una función matemática que mapee las entradas (por ejemplo, las palabras y otras características del correo electrónico) con las salidas (spam o no spam). El algoritmo intenta minimizar el error entre las predicciones del modelo y los valores correctos a través de varias iteraciones. Durante el proceso de entrenamiento, se ajustan los pesos y parámetros del modelo para mejorar la precisión.

3. **Evaluación y prueba del modelo:** Después del entrenamiento, el modelo se prueba con nuevos datos no vistos durante el entrenamiento para verificar su capacidad de generalizar. Esta etapa es fundamental para evitar problemas como el **overfitting**, que ocurre cuando el modelo se ajusta demasiado a los datos de entrenamiento pero no puede hacer predicciones precisas sobre datos no vistos.

Ejemplo Práctico: Clasificación de Correo Spam vs No Spam

Un ejemplo práctico común de aprendizaje supervisado es la clasificación de correos electrónicos como spam o no spam. Este es un problema típico de clasificación binaria, donde el objetivo es categorizar un correo en una de las dos clases.

Para este problema, podemos utilizar un modelo de regresión logística. Aunque el término "regresión" puede hacer pensar en la predicción de valores continuos, la regresión logística es en realidad un algoritmo de clasificación que se basa en la probabilidad de que un ejemplo pertenezca a una clase u otra.

Así es como funciona el proceso en este caso:

1. **Conjunto de datos:** Se recolecta un conjunto de correos electrónicos, cada uno etiquetado como spam o no spam. Las entradas son los correos electrónicos, mientras que las etiquetas son las clasificaciones. Para las entradas, cada correo se convierte en una representación numérica, por ejemplo, analizando la frecuencia de ciertas palabras ("gratis", "oferta", "promoción") o características como la presencia de enlaces o archivos adjuntos.

2. **Entrenamiento:** El modelo de regresión logística se entrena con este conjunto de datos etiquetado. Durante el entrenamiento, el modelo aprende a calcular una probabilidad para cada correo de pertenecer a la clase "spam" o "no spam". La función logística asigna un valor entre 0 y 1, que representa la probabilidad de que el correo sea spam. Si la probabilidad supera un cierto umbral (por ejemplo, 0.5), el correo se clasifica como spam, de lo contrario, como no spam.

3. **Evaluación:** Una vez entrenado, el modelo se prueba con un nuevo conjunto de correos no utilizados durante el entrenamiento para evaluar qué tan preciso es en su clasificación. Se utilizan métricas como la **precisión**, la **exactitud** y el **recall** para medir el rendimiento del modelo.

- **Precisión:** Porcentaje de correos correctamente clasificados.

- **Exactitud:** Porcentaje de correos clasificados como spam que realmente son spam.

- **Recall:** Porcentaje de correos spam que fueron correctamente identificados.

A través de estas fases, el modelo de regresión logística puede convertirse en una herramienta poderosa para clasificar automáticamente los correos electrónicos, reduciendo la necesidad de intervención humana y mejorando la eficiencia.

Ventajas y Límites del Aprendizaje Supervisado

El aprendizaje supervisado tiene muchas ventajas. Es particularmente efectivo cuando se dispone de una gran cantidad de datos etiquetados y puede alcanzar niveles muy altos de precisión. Además, es fácilmente explicable: para cada entrada hay una salida bien definida, y podemos comprender qué factores utilizó el modelo para tomar su decisión.

Sin embargo, el aprendizaje supervisado también tiene algunos límites:

- **Dependencia de los datos etiquetados:** La necesidad de tener datos etiquetados es uno de los mayores obstáculos. Recopilar y etiquetar manualmente grandes cantidades de datos puede ser costoso y llevar mucho tiempo.

- **Overfitting:** Si un modelo se ajusta demasiado bien a los datos de entrenamiento, podría no generalizar bien en nuevos datos.

- **Dificultad para tratar datos complejos:** En algunos casos, los datos pueden ser tan complejos o variables que el modelo supervisado tiene dificultades para identificar patrones eficaces.

El aprendizaje supervisado está en la base de muchas aplicaciones prácticas del machine learning. Desde algoritmos para la clasificación de correos hasta la predicción de precios de viviendas, su uso abarca numerosos sectores. Aunque requiere datos etiquetados, es extremadamente poderoso y versátil cuando los datos están disponibles.

APRENDIZAJE NO SUPERVISADO

El **aprendizaje no supervisado** es una técnica de machine learning que se utiliza cuando los datos no están etiquetados, es decir, cuando no hay valores de salida predefinidos asociados a las entradas. A diferencia del aprendizaje supervisado, donde un modelo aprende a mapear entradas y salidas explícitas, el objetivo del aprendizaje no supervisado es descubrir patrones ocultos o estructuras latentes dentro de los propios datos. Este enfoque es especialmente útil cuando no se tiene un conocimiento claro o completo de los datos y se desea extraer nuevas ideas o segmentar información.

¿Cómo Funciona el Aprendizaje No Supervisado?

El aprendizaje no supervisado se centra en dos tareas principales:

1. **Clustering**: El objetivo es agrupar los datos en clusters o grupos basados en características similares. Los algoritmos tratan de identificar grupos homogéneos dentro de los datos, donde los puntos de datos dentro de cada grupo son más similares entre sí que a los de otros grupos.

2. **Reducción de Dimensionalidad**: Este proceso tiene como objetivo simplificar los datos reduciendo el número de variables (o características), pero manteniendo la información más relevante. Técnicas como el Análisis de Componentes Principales (PCA) se utilizan para hacer más manejables conjuntos de datos muy grandes y complejos, eliminando redundancias y correlaciones.

El entrenamiento de modelos no supervisados no requiere entradas etiquetadas. Los algoritmos analizan las similitudes y diferencias entre los datos para descubrir relaciones ocultas. Esto hace que el aprendizaje no supervisado sea particularmente útil cuando se dispone de grandes cantidades de datos no clasificados y se desea obtener nuevas perspectivas sin tener que pasar por el proceso costoso de etiquetado manual.

Algoritmos Principales del Aprendizaje No Supervisado

Entre los principales algoritmos de aprendizaje no supervisado se encuentran:

1. **K-Means Clustering**: Este es uno de los algoritmos de clustering más utilizados. Funciona dividiendo los datos en K grupos (clusters)

definidos por el usuario. El algoritmo intenta encontrar los centros de los grupos (llamados centroides) y asigna cada punto de datos al grupo cuyo centro está más cercano. Este proceso se repite hasta que los centros de los grupos se estabilizan. K-means es útil para identificar patrones en los datos, como la segmentación de clientes en un contexto de marketing.

2. **DBSCAN (Density-Based Spatial Clustering of Applications with Noise)**: DBSCAN es un algoritmo de clustering basado en la densidad. Identifica grupos de puntos de datos que están cerca unos de otros en un espacio de características, ignorando el ruido o los datos anómalos. Este algoritmo es especialmente eficaz cuando los clusters tienen formas irregulares y no esféricas.

3. **Clustering Jerárquico**: Este algoritmo construye una jerarquía de clusters, agrupando iterativamente los puntos de datos en grupos más grandes. Se puede utilizar para explorar las relaciones entre diferentes grupos de datos y crear una representación visual llamada dendrograma.

Ejemplo Práctico: Clustering de Clientes en un E-commerce

Un ejemplo común y práctico del uso del aprendizaje no supervisado es el **clustering** de clientes de un e-commerce para crear segmentos de marketing específicos. Imaginemos que tenemos un sitio de comercio electrónico con miles de clientes, cada uno con comportamientos de compra diferentes. No tenemos información etiquetada, como la preferencia por ciertos productos o el gasto, pero sí datos sobre sus compras anteriores, la frecuencia de los pedidos, el valor total de los mismos y el tiempo que pasan en el sitio.

Utilizando un algoritmo de clustering como K-means, podemos identificar grupos de clientes con comportamientos similares y segmentarlos en categorías distintas. Así es como funciona el proceso:

1. **Recolección de Datos**: Se recolecta un conjunto de datos con información sobre los clientes, como la cantidad de compras, la frecuencia con la que visitan el sitio, el valor medio de los pedidos y el tipo de productos comprados.

2. **Preprocesamiento de los Datos**: Antes de aplicar el algoritmo, los datos se preprocesan. Esto puede incluir la normalización (para llevar todas las variables a una misma escala) o la eliminación de valores faltantes.

3. **Aplicación del Algoritmo K-Means**: Se decide el número de clusters a encontrar (por ejemplo, 3 grupos). El algoritmo comienza colocando aleatoriamente K centroides en el conjunto de datos y asigna cada cliente al centroide más cercano. Luego, recalcula los centroides basándose en los clientes asignados, y este proceso continúa hasta que los centroides se estabilizan.

4. **Análisis de los Resultados**: Al final, el resultado será una división de los clientes en grupos con características similares. Por ejemplo, podemos descubrir que hay:

- o Un grupo de clientes leales que compran frecuentemente y gastan mucho.

- o Un grupo de clientes ocasionales que solo compran durante promociones.

- o Un grupo de clientes nuevos o con baja actividad.

5. **Creación de Estrategias de Marketing**: Estos grupos pueden utilizarse para crear estrategias de marketing dirigidas. Los clientes leales pueden recibir promociones exclusivas o recompensas por su fidelidad, mientras que los ocasionales pueden ser incentivados a hacer más compras con ofertas personalizadas.

Ventajas y Límites del Aprendizaje No Supervisado

Una de las principales ventajas del aprendizaje no supervisado es que no requiere datos etiquetados, lo que permite explorar grandes cantidades de datos de manera rápida y obtener ideas útiles incluso cuando no es posible etiquetar manualmente cada dato. Además, el aprendizaje no supervisado es excelente para descubrir patrones ocultos y para la segmentación automática de datos, lo que lo hace ideal en sectores como el marketing, la biología y las finanzas.

Sin embargo, también tiene algunos límites:

- **Interpretabilidad**: Los resultados pueden no ser siempre fácilmente interpretables. Dado que el algoritmo agrupa los datos de manera autónoma, puede ser difícil entender exactamente por qué se ha identificado un determinado patrón.

- **Selección del número de clusters**: En algoritmos como K-means, es necesario elegir el número de clusters de antemano, lo que puede ser problemático si no se conoce la estructura de los datos.

El aprendizaje no supervisado es una herramienta poderosa para descubrir patrones ocultos y agrupar datos sin el uso de etiquetas. Ya sea para segmentar clientes en un e-commerce o analizar grandes conjuntos de datos de imágenes, estos algoritmos ofrecen la posibilidad de explorar datos no estructurados y obtener conocimientos que pueden informar estrategias empresariales o descubrimientos científicos. En los próximos capítulos, continuaremos explorando otras técnicas de machine learning y veremos cómo se pueden utilizar para abordar una amplia gama de problemas.

APRENDIZAJE POR REFUERZO

El **aprendizaje por refuerzo** (Reinforcement Learning, RL) es una técnica de machine learning donde los algoritmos aprenden a través de un sistema de recompensas y penalizaciones. A diferencia del aprendizaje supervisado, donde se utilizan datos etiquetados, el aprendizaje por refuerzo se basa en un **agente** que interactúa con un entorno y aprende de la experiencia. El objetivo del agente es tomar decisiones que maximicen la recompensa acumulada a lo largo del tiempo. Este enfoque es particularmente útil en situaciones donde el modelo debe adaptarse a escenarios dinámicos o impredecibles.

¿Cómo Funciona el Aprendizaje por Refuerzo?

El aprendizaje por refuerzo sigue un ciclo de interacciones continuas entre el agente y el entorno, que se puede describir en tres pasos principales:

1. **Interacción con el entorno**: El agente se encuentra en un entorno definido por una serie de estados. En cada estado, el agente puede realizar una serie de acciones disponibles. Cada acción tiene consecuencias en el entorno y puede llevar al agente a un nuevo estado.

2. **Recepción de una recompensa**: Cuando el agente realiza una acción, el entorno le proporciona una recompensa o penalización. Si la acción lleva a un resultado positivo, el agente recibe una recompensa; si es desfavorable, recibe una penalización. Este feedback ayuda al agente a entender qué acciones generan mejores resultados.

3. **Actualización de la estrategia**: Basándose en las recompensas y penalizaciones recibidas, el agente actualiza su estrategia o política, tratando de elegir las acciones que maximicen la recompensa a largo plazo. Este proceso de actualización es continuo y permite al agente mejorar su capacidad para tomar decisiones óptimas.

El ciclo de aprendizaje se repite miles o millones de veces, lo que permite al agente aprender de sus errores y mejorar su estrategia con el tiempo.

Ejemplo Práctico: AlphaGo de DeepMind

Uno de los ejemplos más célebres del aprendizaje por refuerzo es **AlphaGo**, un sistema desarrollado por DeepMind (una empresa de Google), que se hizo famoso por vencer a los mejores jugadores de Go del mundo. El juego de Go es mucho más complejo que el ajedrez, lo que supuso un desafío mayor para la inteligencia artificial.

AlphaGo utilizó una combinación de **redes neuronales** y **aprendizaje por refuerzo** para aprender estrategias de juego, jugando millones de partidas contra sí mismo. A lo largo del proceso, no solo aprendió de las partidas de campeones humanos, sino que desarrolló nuevas estrategias nunca antes vistas.

¿Cómo funcionó AlphaGo?

1. **Aprendizaje supervisado inicial**: Al principio, AlphaGo fue entrenado con un enfoque supervisado, analizando miles de partidas jugadas por campeones humanos, aprendiendo así las jugadas y estrategias básicas.

2. **Aprendizaje por refuerzo**: Después de adquirir las bases, AlphaGo jugó millones de partidas contra sí mismo, mejorando continuamente. A través de la retroalimentación de victorias (recompensa) y derrotas (penalización), fue afinando su estrategia.

3. **Optimización mediante redes neuronales**: AlphaGo utilizó redes neuronales convolucionales para evaluar las posiciones en el tablero y hacer predicciones sobre las mejores jugadas.

En 2016, AlphaGo venció al campeón mundial Lee Sedol, lo que marcó un hito en la investigación en IA y demostró el enorme potencial del aprendizaje por refuerzo.

Aplicaciones del Aprendizaje por Refuerzo

El aprendizaje por refuerzo tiene aplicaciones más allá de los juegos:

1. **Robótica**: Los robots pueden utilizar el aprendizaje por refuerzo para mejorar su comportamiento en entornos complejos, como aprender a navegar evitando obstáculos y recibiendo recompensas cuando alcanzan su objetivo sin incidentes.

2. **Sistemas de recomendación**: En plataformas como Netflix o YouTube, el RL puede optimizar las recomendaciones de contenido, ajustando las sugerencias en función de la interacción del usuario con los contenidos.

3. **Conducción autónoma**: En los vehículos autónomos, el RL ayuda a tomar decisiones en tiempo real, como cambiar de carril o tomar curvas, con el objetivo de optimizar la seguridad y eficiencia de la conducción.

Ventajas y Límites del Aprendizaje por Refuerzo

Ventajas:

- Adaptabilidad a entornos dinámicos.

- Aprendizaje continuo basado en la experiencia, lo que permite mejorar con el tiempo.

Límites:

- **Elevado tiempo de entrenamiento**: A menudo, los algoritmos de RL requieren millones de interacciones para obtener buenos resultados.

- **Equilibrio entre exploración y explotación**: El agente debe balancear entre explorar nuevas acciones y explotar las que ya sabe que generan buenas recompensas.

El aprendizaje por refuerzo es una técnica poderosa que permite a las máquinas aprender de manera autónoma en entornos complejos y cambiantes. Gracias al feedback basado en recompensas y penalizaciones, los algoritmos de RL pueden desarrollar estrategias sofisticadas que transforman diversas áreas, desde la robótica hasta la recomendación de contenido digital. El éxito de AlphaGo ilustra el extraordinario potencial del aprendizaje por refuerzo, con aplicaciones que ya están impactando el mundo real, desde la conducción autónoma hasta los sistemas de recomendación.

Redes Neuronales Artificiales: Estructura y Funcionamiento

Las **redes neuronales artificiales** (ANN, por sus siglas en inglés) son uno de los modelos más poderosos y flexibles utilizados en inteligencia artificial y machine learning. Inspiradas en el funcionamiento del cerebro humano, están compuestas por **neuronas artificiales** que imitan a las biológicas. El objetivo principal de las redes neuronales es aprender patrones complejos a partir de datos a través de un proceso de entrenamiento basado en ejemplos.

Estas redes no existen físicamente como entidades de hardware; son simulaciones matemáticas que se ejecutan en software, funcionando en computadoras o dispositivos especializados como **GPU** (unidades de procesamiento gráfico) o **TPU** (unidades de procesamiento tensorial). Las redes neuronales están detrás de muchas de las aplicaciones más avanzadas de la inteligencia artificial, como el **reconocimiento de imágenes**, la **traducción automática** y la **diagnosis médica**.

Estructura de las Redes Neuronales Artificiales

Una red neuronal artificial está compuesta por una serie de capas de neuronas que procesan datos de manera secuencial. Estas capas se dividen típicamente en tres tipos:

1. **Capa de Entrada**: Es la primera capa de la red, donde se ingresan los datos en bruto. Cada neurona en la capa de entrada representa una

característica del conjunto de datos. Por ejemplo, en una imagen, las neuronas de entrada podrían representar los píxeles de la imagen.

2. **Capas Ocultas**: Estas son las capas intermedias entre la entrada y la salida. Aquí ocurre la mayor parte del procesamiento. Cada neurona en una capa oculta toma los valores de las neuronas de la capa anterior, realiza un cálculo (una suma ponderada) y aplica una función de activación para determinar el valor de salida. Las redes pueden tener múltiples capas ocultas, y a medida que aumenta el número de capas, la red se vuelve más "profunda", dando lugar al término **deep learning**.

3. **Capa de Salida**: Es la capa final, que proporciona la predicción o clasificación. En un modelo de reconocimiento de imágenes, por ejemplo, la capa de salida indicaría la categoría del objeto en la imagen (por ejemplo, "gato" o "perro").

Funcionamiento de las Redes Neuronales

El funcionamiento de una red neuronal se basa en un proceso de **propagación de información** a través de las capas. Cada conexión entre neuronas tiene un peso asociado, que determina la importancia de esa conexión. Durante el entrenamiento, los pesos se ajustan mediante un proceso llamado **backpropagation**.

El proceso general es el siguiente:

1. **Propagación hacia adelante (Feedforward)**: Los datos se introducen en la red, pasan por las capas ocultas y finalmente llegan a la capa de

salida. Durante este paso, se realizan operaciones matemáticas como la multiplicación de los pesos y la aplicación de funciones de activación, como la función **sigmoide** o **ReLU** (Rectified Linear Unit).

2. **Cálculo del error**: El resultado obtenido se compara con el resultado esperado (en caso de aprendizaje supervisado). La diferencia entre el valor predicho y el valor real se llama **error**.

3. **Backpropagation**: El error se propaga hacia atrás por la red, ajustando los pesos para reducir el error en futuras predicciones. Este proceso se repite iterativamente hasta que la red puede hacer predicciones precisas.

Aplicaciones de las Redes Neuronales Artificiales

Las redes neuronales artificiales tienen un amplio rango de aplicaciones, que incluyen:

- **Reconocimiento de voz**: Asistentes de voz como Siri y Alexa utilizan redes neuronales para convertir la voz en texto y comprender su significado.

- **Diagnóstico médico**: Las redes neuronales analizan imágenes médicas, como radiografías, para identificar anomalías o enfermedades.

- **Conducción autónoma**: Las redes neuronales impulsan los sistemas de visión en los coches autónomos, permitiéndoles reconocer objetos y tomar decisiones en tiempo real.

Algoritmos Evolutivos: Inspirados en la Evolución para Resolver Problemas Complejos

Los **algoritmos evolutivos** son una clase de algoritmos de optimización que se inspiran en los procesos de selección natural y evolución biológica para resolver problemas complejos. Estos algoritmos buscan soluciones óptimas o casi óptimas simulando mecanismos biológicos fundamentales como la reproducción, la mutación, la selección y el crossover (recombinación genética). Entre los algoritmos evolutivos más conocidos están los **algoritmos genéticos**, que imitan cómo los organismos evolucionan y se adaptan con el tiempo.

¿Cómo Funcionan los Algoritmos Evolutivos?

Los algoritmos evolutivos operan en una **población de soluciones candidatas** para un problema dado. Estas soluciones iniciales suelen generarse aleatoriamente. A lo largo de la ejecución del algoritmo, cada solución se evalúa usando una **función de aptitud** (fitness), que mide qué tan buena es en relación con el problema que se intenta resolver.

El ciclo básico sigue estos pasos:

1. **Inicialización**: Se crea una población de soluciones iniciales (individuos).

2. **Evaluación (Fitness)**: Cada solución se evalúa con una función de aptitud, que le asigna un puntaje según su desempeño.

3. **Selección**: Las mejores soluciones se seleccionan para reproducirse, basándose en su puntuación.

4. **Reproducción (Crossover)**: Las soluciones seleccionadas se combinan para crear nuevas soluciones.

5. **Mutación**: Algunas soluciones sufren cambios aleatorios para evitar que el algoritmo se estanque en soluciones subóptimas.

6. **Iteración**: El ciclo se repite durante muchas generaciones.

Ejemplo Práctico: Optimización del Diseño de Aviones con Algoritmos Genéticos

Los **algoritmos genéticos** son utilizados para optimizar el diseño aerodinámico de aviones, donde se busca equilibrar múltiples variables como la resistencia al aire y el consumo de combustible.

1. Cada diseño se representa como una "cadena genética" de parámetros.

2. Una función de fitness evalúa el diseño basándose en factores como la estabilidad y la eficiencia.

3. Se seleccionan los mejores diseños para combinarlos y generar nuevos diseños.

4. Se introducen mutaciones aleatorias que pueden conducir a mejoras.

Ventajas y Limitaciones de los Algoritmos Evolutivos

Ventajas:

- Flexibilidad para diferentes tipos de problemas.

- Eficiencia en la búsqueda global de soluciones.

- No requieren un conocimiento detallado del problema.

Limitaciones:

- Costos computacionales elevados debido a su naturaleza iterativa.

- No siempre garantizan encontrar la solución óptima.

En resumen, tanto las redes neuronales artificiales como los algoritmos evolutivos son herramientas fundamentales en inteligencia artificial, cada una con un enfoque y aplicaciones distintas. Las redes neuronales sobresalen en el aprendizaje a partir de datos complejos, mientras que los algoritmos evolutivos ofrecen soluciones a problemas de optimización en entornos difíciles. Juntas, estas tecnologías están revolucionando industrias y resolviendo problemas que antes eran intratables.

CAPÍTULO 4: Deep Learning: Arquitecturas Avanzadas

REDES NEURONALES CONVOLUCIONALES (CNN)

Las **redes neuronales convolucionales** (CNN) son una de las herramientas más potentes y utilizadas en el **deep learning**, especialmente en tareas de reconocimiento de imágenes y objetos en fotos. Las CNN están diseñadas para procesar datos que tienen una estructura de tipo "rejilla", como las imágenes, donde los píxeles están organizados en filas y columnas. A diferencia de las redes neuronales tradicionales, que tratan cada entrada de manera independiente, las CNN aprovechan la **correlación espacial** entre los datos. Esto les permite capturar características locales de las imágenes, como bordes, texturas y formas, para reconocer objetos complejos en un contexto visual.

Estructura Básica de las CNN

Las redes neuronales convolucionales se caracterizan por su arquitectura, que incluye tres tipos principales de capas: **capas convolucionales**, **capas de pooling** y **capas completamente conectadas**.

1. **Capa Convolucional**: Es el núcleo de una CNN. En esta capa, una serie de **filtros** (también llamados kernels) se deslizan sobre la imagen. Cada filtro es una pequeña matriz que detecta características específicas como bordes o texturas. El resultado de esta operación es un **mapa de**

activación, que resalta las áreas de la imagen donde aparece una característica particular.

2. **Capa de Pooling**: Después de una o varias capas convolucionales, se aplica una capa de pooling, generalmente **max-pooling**. Este proceso reduce la dimensión espacial de la imagen, manteniendo las características más importantes. Por ejemplo, el max-pooling selecciona el valor máximo dentro de una pequeña región de la imagen, reduciendo así el número de parámetros y mejorando la robustez del modelo ante variaciones en la posición del objeto.

3. **Capa Completamente Conectada**: Al final de la red, tras varias capas convolucionales y de pooling, las CNN incluyen una o más capas completamente conectadas. Aquí se combinan las características detectadas para generar la predicción final, similar a las redes neuronales tradicionales, donde cada neurona está conectada con todas las neuronas de la capa anterior.

Ejemplo Práctico: Clasificación de Imágenes de Animales

Un uso común de las CNN es la **clasificación de imágenes**. Imaginemos que queremos entrenar una red neuronal convolucional para distinguir entre imágenes de gatos, perros y otros animales.

1. **Entrada**: Las imágenes de los animales se ingresan a la red como una cuadrícula de píxeles. Cada píxel tiene un valor numérico que representa el color y la intensidad de la luz.

2. **Convolución**: En la capa convolucional, los filtros escanean la imagen buscando características distintivas. Un filtro podría detectar el borde de una oreja, mientras que otro podría identificar el hocico de un perro. A medida que la imagen pasa por capas adicionales, la red reconoce características más complejas.

3. **Pooling**: A medida que se aplica el pooling, la imagen se reduce de tamaño, pero las características clave, como la forma general del animal, se mantienen.

4. **Predicción Final**: Tras procesar la imagen, la red combina toda la información y genera una predicción, indicando, por ejemplo, un 85% de probabilidad de que la imagen sea de un perro, un 10% de que sea un gato y un 5% de que sea un caballo.

Ventajas de las CNN

1. **Reducción de Parámetros**: Las CNN utilizan filtros para reducir la cantidad de parámetros a entrenar, lo que las hace más eficientes con imágenes grandes.

2. **Invariancia Espacial**: Pueden reconocer objetos en diferentes posiciones y escalas, lo que las hace robustas ante cambios en la ubicación del objeto.

3. **Adaptabilidad**: Además de la clasificación de imágenes, las CNN se usan en tareas como el reconocimiento facial, la segmentación de imágenes médicas y la detección de objetos en tiempo real.

REDES NEURONALES RECURRENTES (RNN)

Las **redes neuronales recurrentes** (RNN) son una arquitectura diseñada específicamente para procesar datos **secuenciales**, donde el orden de las entradas es importante. Se utilizan en el procesamiento del lenguaje natural (NLP), series temporales y otras aplicaciones donde hay una dependencia temporal entre los datos. Son ideales para tareas como **traducción automática**, **predicción de mercados financieros**, **reconocimiento de voz** y **análisis de textos**.

Estructura de las RNN

A diferencia de las redes neuronales tradicionales, las RNN están diseñadas para mantener una **memoria** de la información pasada a través de bucles recurrentes. Esto significa que cada neurona no solo tiene en cuenta la entrada actual, sino también el estado del paso anterior, lo que permite a la red "recordar" lo que ha procesado previamente. Esto se logra a través de conexiones cíclicas, lo que permite manejar secuencias de diferentes longitudes y mantener el contexto temporal de los datos.

Funcionamiento de las RNN

El mecanismo básico de una RNN se puede describir de la siguiente manera:

1. **Entrada Secuencial**: Las RNN procesan una secuencia de datos paso a paso. Cada paso de la secuencia se pasa a la red, que lo procesa considerando las entradas anteriores.

2. **Conexiones Recurrentes**: En cada paso, la salida de la neurona se pasa al siguiente paso a través de una conexión recurrente, lo que permite que la red acumule y recuerde información sobre los pasos anteriores.

3. **Predicción**: Al final de la secuencia, la red genera una predicción. Esto podría ser una traducción de un texto, la predicción de un valor futuro en una serie temporal o el reconocimiento de una palabra en una oración.

Problemas de las RNN: Desvanecimiento del Gradiente

A pesar de su utilidad, las RNN enfrentan algunas limitaciones, como el problema de los **gradientes evanescentes**. Este problema dificulta el entrenamiento de las RNN en secuencias largas, ya que la información de los primeros pasos tiende a desvanecerse con el tiempo, lo que afecta la capacidad de la red para manejar dependencias a largo plazo. Para resolver este problema, se han desarrollado variantes como **LSTM** (Long Short-Term Memory) y **GRU** (Gated Recurrent Units), que ayudan a preservar la información a largo plazo.

Ejemplos Prácticos de RNN

1. **Traducción Automática**: En sistemas como Google Translate, las RNN procesan una frase palabra por palabra, teniendo en cuenta las palabras anteriores para conservar el contexto y producir una traducción precisa.

2. **Predicción de Mercado**: Las RNN también se utilizan para predecir los precios en mercados financieros basándose en datos históricos. La red procesa los datos día tras día, utilizando la información de días anteriores para predecir los valores futuros.

Ventajas de las RNN

Memoria secuencial: Las RNN son capaces de mantener la memoria de los datos de entrada anteriores, lo que las hace perfectas para tareas donde el orden de los datos es importante, como el texto o el habla.

Procesamiento de secuencias de longitud variable: Pueden manejar secuencias de entrada de diferentes longitudes, lo que las hace muy flexibles.

Aplicaciones en tiempo real: Las RNN se pueden utilizar para aplicaciones en tiempo real, como los chatbots o los sistemas de reconocimiento de voz.

Las Redes Neuronales Recurrentes (RNN) son fundamentales para procesar datos secuenciales, donde el orden de las entradas es esencial. Utilizando conexiones cíclicas, estas redes pueden "recordar" información previa para mejorar las predicciones futuras. Esto las hace particularmente adecuadas para tareas como la traducción automática, donde el contexto de las palabras es crucial, y la predicción del mercado de valores, donde la red debe seguir las tendencias pasadas. A pesar de sus limitaciones con secuencias largas, variantes como las LSTM y las GRU han mejorado significativamente su rendimiento, convirtiéndolas en una herramienta poderosa en el mundo del deep learning.

Transformadores y Modelos de Lenguaje

Los transformers son una de las arquitecturas más revolucionarias y avanzadas en el procesamiento del lenguaje natural (NLP). Introducidos en 2017 con el famoso artículo "Attention is All You Need", los transformers han reemplazado rápidamente a las Redes Neuronales Recurrentes (RNN) y otras arquitecturas tradicionales, gracias a su capacidad para manejar secuencias de texto de manera más eficiente y precisa. A diferencia de las RNN, que procesan los datos secuencialmente, los transformers utilizan un mecanismo llamado self-attention, que les permite procesar todos los elementos de una secuencia simultáneamente, manteniendo una visión global del contexto.

Uno de los ejemplos más conocidos de un modelo basado en transformers es GPT-3 (Generative Pretrained Transformer 3), que ha demostrado extraordinarias capacidades para la escritura y generación automática de textos complejos, consolidando esta tecnología como un hito en el campo de la inteligencia artificial.

Estructura de los Transformers

Los transformers se basan principalmente en un mecanismo de atención y se componen de dos bloques principales:

1. **Codificador (Encoder)**: El encoder toma la entrada (por ejemplo, una frase) y la convierte en una representación numérica que captura el significado de las palabras y la relación entre ellas. Los encoders aplican self-attention, lo que permite que la red "preste más atención" a

determinadas palabras dentro de una oración que son más relevantes para el contexto. Por ejemplo, en una frase como "El perro perseguía al gato", el modelo entenderá que "perro" y "gato" son palabras importantes y relacionadas.

2. **Decodificador (Decoder)**: El decoder utiliza las representaciones creadas por el encoder para generar una salida. Esto es especialmente útil para tareas de generación de texto, como la traducción automática o la redacción de frases, ya que el decoder puede usar el contexto proporcionado por el encoder para generar una secuencia de texto coherente y bien estructurada.

Mecanismo de Self-Attention

El self-attention es el núcleo del transformer. Este mecanismo permite al modelo asignar un "peso" diferente a cada palabra de una frase en relación con todas las demás palabras, considerando no solo las palabras cercanas, sino todas las palabras de la secuencia a la vez. Esto es lo que diferencia a los transformers de las RNN, que procesan una palabra a la vez, lo que dificulta mantener una memoria a largo plazo.

Gracias al self-attention, los transformers son capaces de capturar relaciones a largo plazo e interacciones complejas entre las palabras en una secuencia, lo que los hace ideales para actividades como la traducción automática, el resumen de textos o la respuesta automática a preguntas complejas.

Ejemplo Práctico: GPT-3 y la Escritura Automática de Textos Complejos

GPT-3 (Generative Pretrained Transformer 3) es uno de los ejemplos más avanzados de un modelo basado en transformers. Ha sido entrenado con un vastísimo corpus de textos que abarca prácticamente todos los temas imaginables, y es capaz de generar textos de alta calidad que a menudo son indistinguibles de los escritos por un ser humano.

GPT-3 funciona siguiendo un principio simple pero poderoso: se le proporciona un prompt o entrada textual inicial, y el modelo completa el texto generando nuevas frases coherentes con lo ya escrito. Por ejemplo, si se le da a GPT-3 una frase como "Había una vez un pequeño pueblo al pie de una montaña", el modelo continuará desarrollando la historia, añadiendo detalles y creando un relato completo, manteniendo el hilo narrativo y el contexto.

Cómo funciona GPT-3 en la práctica:

1. **Entrada (Input)**: El usuario proporciona una entrada de texto, que puede ser una pregunta, una información inicial o una pista para escribir.

2. **Procesamiento**: El modelo analiza el texto proporcionado y utiliza los miles de millones de parámetros con los que ha sido entrenado para determinar las palabras más probables a seguir, basándose en el contexto del prompt y en los patrones lingüísticos que ha aprendido durante su entrenamiento.

3. **Salida (Output)**: GPT-3 genera una respuesta o una continuación del texto, que puede variar desde una sola frase hasta párrafos completos. El modelo es capaz de escribir artículos, responder a preguntas

complejas, generar código e incluso crear textos creativos, como poemas o cuentos.

Ejemplos de uso de GPT-3:

- **Escritura creativa**: GPT-3 se utiliza para ayudar a escritores y periodistas a generar ideas o borradores de artículos.

- **Asistentes virtuales**: Se emplea para crear respuestas automáticas más naturales en los chatbots y asistentes virtuales.

- **Generación de código**: GPT-3 puede escribir código fuente en varios lenguajes de programación, partiendo de descripciones en lenguaje natural.

Ventajas de los Transformers

- **Eficiencia**: Los transformers son capaces de procesar datos en paralelo, lo que los hace mucho más eficientes que las RNN, que deben procesar los datos de manera secuencial.

- **Comprensión contextual**: Gracias al mecanismo de self-attention, los transformers pueden comprender relaciones complejas entre las palabras, incluso a distancia, mejorando el rendimiento en tareas de NLP.

- **Flexibilidad**: Los transformers se pueden utilizar en una amplia gama de aplicaciones, desde la traducción automática hasta la generación de contenidos, la clasificación de textos y mucho más.

Los transformers han revolucionado el campo del procesamiento del lenguaje natural, introduciendo una forma más eficiente y efectiva de procesar textos complejos. Gracias al mecanismo de self-attention, estas redes son capaces de manejar relaciones entre palabras distantes en un texto, mejorando enormemente las capacidades de modelos como GPT-3, que ha demostrado cuán poderosos pueden ser en la generación de textos complejos y realistas. Con el avance de los modelos basados en transformers, las posibilidades de aplicación en el ámbito lingüístico y creativo continúan expandiéndose.

Autoencoders y Redes Variacionales

Los autoencoders y las redes neuronales variacionales son técnicas muy poderosas en el campo del deep learning, utilizadas principalmente para la compresión de datos y la generación de nuevos datos. Se trata de redes neuronales diseñadas para aprender una representación compacta (o codificación) de los datos de entrada, logrando comprimir y luego reconstruir la información, eliminando los detalles irrelevantes. En particular, los autoencoders variacionales (VAE) son una variante avanzada de los autoencoders, y se utilizan para generar nuevos datos realistas, como rostros humanos o imágenes de objetos.

Estas técnicas tienen aplicaciones en varios campos, como la reducción de ruido en imágenes, la compresión de datos y la generación de contenidos sintéticos, como imágenes o videos.

Cómo Funcionan los Autoencoders

Los autoencoders son redes neuronales diseñadas para aprender una representación reducida de la entrada. La arquitectura de un autoencoder se divide en dos partes principales:

1. **Encoder**: El encoder toma la entrada original (por ejemplo, una imagen) y la transforma en una representación más compacta, llamada latent space o codificación. Este espacio latente es una versión simplificada de los datos, que contiene las características más importantes de la entrada.

2. **Decoder**: El decoder toma esta representación compacta y la reconvierte al formato original. El objetivo es que la salida final del decoder sea lo más parecida posible a la entrada original.

La idea clave es que el autoencoder aprende a comprimir los datos, manteniendo la información relevante y descartando la superflua. Esta capacidad de aprender una representación compacta hace que los autoencoders sean útiles para la compresión de datos y la reducción de la dimensionalidad de conjuntos de datos complejos.

Ejemplo: Reducción de Ruido en Imágenes Una aplicación práctica de los autoencoders es la reducción de ruido en imágenes. A menudo, cuando tomamos una foto en condiciones de poca luz o con una cámara de baja calidad, se introduce ruido visual que degrada la imagen. Los autoencoders se pueden entrenar para limpiar estas imágenes, eliminando el ruido y mejorando la calidad.

Así es como funciona:

- **Entrada**: Se proporciona una imagen con ruido como entrada al autoencoder.

- **Encoder**: El encoder comprime la imagen, eliminando el ruido u otra información irrelevante.

- **Decoder**: El decoder reconstruye la imagen limpia, manteniendo las características esenciales, pero sin el ruido.

Durante el entrenamiento, el autoencoder aprende a reconocer las características distintivas de la imagen original y a separarlas del ruido, obteniendo un resultado más limpio y nítido.

Redes Variacionales (VAE)

Los autoencoders variacionales (VAE) son una versión más sofisticada de los autoencoders tradicionales. Además de comprimir los datos, los VAE están diseñados para generar nuevos datos realistas que siguen una distribución probabilística similar a la de los datos originales. En lugar de aprender una representación fija de los datos como lo hacen los autoencoders tradicionales, los VAE aprenden una representación probabilística.

El funcionamiento de los VAE se basa en la idea de transformar la entrada en una distribución estadística en lugar de un solo punto en el espacio latente. El latent space de un VAE no es una única codificación, sino una distribución de la que se pueden muestrear nuevos puntos. Esta característica permite que los

VAE generen nuevos ejemplos realistas que no forman parte del conjunto de datos original, pero que se parecen mucho a los datos de entrenamiento.

Ejemplo: Generación de Rostros Realistas Uno de los usos más fascinantes de los VAE es la generación de rostros realistas. Después de ser entrenados con un amplio conjunto de imágenes de rostros humanos, los VAE se pueden utilizar para generar rostros sintéticos que parecen increíblemente realistas, pero que no pertenecen a ninguna persona real.

Así es como funciona:

1. **Entrenamiento**: El VAE se entrena con miles de imágenes de rostros reales. El encoder aprende a comprimir cada rostro en una distribución de puntos en el espacio latente, mientras que el decoder aprende a reconstruir el rostro a partir de esta distribución.

2. **Generación de nuevos rostros**: Una vez entrenado, el VAE puede muestrear nuevos puntos aleatorios en el espacio latente. Estos puntos, una vez pasados por el decoder, se transforman en rostros completamente nuevos, que no existen en el conjunto de datos original.

3. **Variabilidad**: Modificando ligeramente los valores dentro del espacio latente, se pueden generar variaciones de un rostro específico. Por ejemplo, se puede obtener el mismo rostro con diferentes expresiones o ángulos, sin necesidad de proporcionar nuevas entradas.

Aplicaciones Prácticas de los Autoencoders y VAE

1. **Compresión de datos**: Los autoencoders se pueden utilizar para reducir la dimensión de datos complejos, como imágenes o señales de audio, sin perder la información principal. Esta compresión puede ser útil para reducir los requisitos de almacenamiento o para acelerar la transmisión de datos en la red.

2. **Generación de contenidos**: Los VAE se utilizan para crear contenidos sintéticos, como imágenes, videos o audio. Se pueden emplear para generar nuevos escenarios de realidad virtual, diseñar objetos tridimensionales o incluso crear música.

3. **Detección de anomalías**: Los autoencoders también se utilizan en la detección de anomalías. Dado que un autoencoder aprende a reconstruir datos "normales", cualquier dato anómalo o fuera de lo común será reconstruido con un error significativo. Esto es útil, por ejemplo, en la detección de fallos en maquinaria o en la detección de fraudes financieros.

Los autoencoders y los VAE son herramientas poderosas del deep learning con una amplia gama de aplicaciones, desde la compresión de datos hasta la generación de nuevos contenidos. Mientras que los autoencoders tradicionales se centran en la reducción de dimensionalidad y la reconstrucción fiel de los datos, los VAE introducen la capacidad de generar nuevos datos que siguen las mismas reglas estadísticas del conjunto de datos de entrenamiento, abriendo nuevas posibilidades para la creación de contenidos sintéticos y la simulación.

REDES GENERATIVAS ANTAGÓNICAS (GAN)

Las Redes Generativas Antagónicas (o Generative Adversarial Networks, GAN) son una de las técnicas más innovadoras y fascinantes en el campo del deep learning, especialmente conocidas por su capacidad para crear imágenes, videos y otros contenidos realistas que no existen en la realidad. Las GAN se utilizan en una amplia gama de aplicaciones creativas y técnicas, desde el diseño generativo hasta la creación de datos sintéticos para mejorar modelos de inteligencia artificial.

El concepto detrás de las GAN fue introducido en 2014 por Ian Goodfellow, y su potencia reside en el enfoque innovador que utilizan: dos redes neuronales, llamadas generador y discriminador, compiten entre sí en una especie de juego de suma cero. Esta dinámica competitiva es lo que permite a las GAN generar contenidos de alta calidad.

¿Cómo Funcionan las GAN?

Las GAN están formadas por dos redes neuronales distintas que trabajan juntas:

1. **Generador:** El generador es responsable de crear nuevos datos, como imágenes, a partir de una entrada aleatoria. Su objetivo es generar contenido tan realista que engañe al discriminador, la otra red.

2. **Discriminador:** El discriminador está entrenado para distinguir entre datos reales (provenientes del conjunto de entrenamiento) y datos

falsos (generados por el generador). Su tarea es determinar si una imagen es auténtica o generada.

La dinámica funciona así: el generador crea una imagen a partir de un ruido aleatorio, tratando de engañar al discriminador. El discriminador analiza la imagen y decide si es real o falsa. Si el discriminador reconoce que es falsa, el generador aprende de sus errores y mejora la calidad de la imagen en la próxima iteración. Con el tiempo, el generador se vuelve cada vez mejor creando imágenes realistas, mientras que el discriminador se vuelve más hábil para distinguirlas, en un proceso de mejora mutua.

Ejemplo Práctico: Creación de Rostros Humanos Realistas

Uno de los usos más conocidos de las GAN es la creación de imágenes de rostros humanos realistas que no existen en la realidad. Esto fue popularizado por proyectos como "This Person Does Not Exist", donde cada vez que visitas el sitio web, se genera un rostro completamente nuevo y realista de una persona que no existe.

Así es como funciona:

1. **Entrenamiento:** El generador se entrena en un enorme conjunto de datos de rostros reales, como el famoso conjunto de datos CelebA, que contiene miles de fotos de celebridades. Durante el entrenamiento, el generador intenta crear rostros humanos a partir de una entrada aleatoria (ruido), mientras que el discriminador aprende a reconocer los rostros reales de los generados.

2. **Mejora progresiva:** Al principio del proceso, el generador produce rostros que son fácilmente reconocibles como falsos (con características distorsionadas o poco realistas). Sin embargo, a medida que el entrenamiento avanza, el generador aprende a producir rostros cada vez más realistas, perfeccionando detalles como la forma de los ojos, el color de la piel y las expresiones faciales.

3. **Resultado final:** Después de muchas iteraciones, el generador se vuelve tan hábil que es capaz de crear rostros realistas que pueden engañar incluso a un ser humano.

Aplicaciones de las GAN

Las GAN tienen un enorme potencial en una variedad de campos, especialmente en la generación de contenido y la síntesis de datos realistas. Aquí hay algunas de sus aplicaciones más importantes:

1. **Generación de imágenes y videos realistas:** Las GAN pueden generar no solo imágenes estáticas como rostros o paisajes, sino también videos realistas. Esto podría usarse para crear escenas virtuales para películas o videojuegos, reduciendo la necesidad de costosos efectos especiales.

2. **Aumento de datos (Data Augmentation):** En muchas situaciones, obtener suficientes datos para entrenar un modelo de IA puede ser difícil. Las GAN pueden generar datos sintéticos para ampliar un conjunto de datos existente, por ejemplo, creando imágenes médicas

sintéticas para entrenar modelos de diagnóstico o imágenes para sistemas de conducción autónoma.

3. **Restauración de imágenes:** Las GAN se utilizan para restaurar imágenes dañadas o de baja calidad. Pueden restaurar fotografías antiguas o mejorar la resolución de imágenes granuladas, como en los procesos de súper resolución, donde una imagen de baja resolución se convierte en una de alta resolución.

4. **Creación de obras de arte:** Las GAN también se utilizan para crear arte generativo. Pueden tomar un estilo artístico (como el de Van Gogh o Monet) y aplicarlo a imágenes o videos, creando obras únicas y originales.

Desafíos y Limitaciones de las GAN

A pesar de su poder, las GAN enfrentan algunos desafíos y limitaciones. Uno de los principales problemas es el "colapso de modo", donde el generador comienza a producir siempre el mismo tipo de salida, ignorando la variedad en los datos de entrada. Además, las GAN requieren un entrenamiento largo y complejo, y encontrar un equilibrio entre el generador y el discriminador es difícil, ya que si uno se vuelve demasiado fuerte en comparación con el otro, el sistema puede dejar de funcionar correctamente.

Las Redes Generativas Antagónicas (GAN) representan una innovación crucial en el deep learning, que ha abierto nuevas posibilidades para la creación de imágenes y videos realistas y la síntesis de datos. A través de la dinámica competitiva entre el generador y el discriminador, las GAN pueden crear contenidos increíblemente realistas, como rostros humanos que no existen en la realidad. Gracias a las GAN, las aplicaciones que van desde el diseño creativo hasta la ciencia de datos están alcanzando nuevos niveles de sofisticación y potencia.

DIFERENCIAS ENTRE MACHINE LEARNING Y DEEP LEARNING

Si bien el machine learning y el deep learning son técnicas utilizadas en inteligencia artificial (IA) para entrenar modelos y preparar algoritmos para realizar tareas específicas, la diferencia principal radica en la complejidad de las técnicas utilizadas y en el tipo de problemas que pueden abordar. Ambos forman parte de la IA, pero el deep learning es una subcategoría del machine learning:

1. Complejidad y Capacidad

- El machine learning tradicional se basa en algoritmos más sencillos y requiere la selección manual de las características a analizar. Es adecuado para problemas menos complejos y no necesita necesariamente grandes cantidades de datos.

- El deep learning, gracias a las redes neuronales profundas, puede manejar problemas mucho más complejos, como la comprensión del lenguaje natural o la visión artificial. Sin embargo, requiere muchos datos y gran potencia de cálculo.

2. Extracción de Características (Feature Extraction)

- En machine learning, las características relevantes deben ser seleccionadas manualmente por los ingenieros, en un proceso llamado feature engineering.

- En deep learning, las redes neuronales aprenden de manera autónoma cuáles son las características importantes directamente de los datos sin procesar.

3. Datos y Potencia de Cálculo

- El machine learning tradicional funciona bien con conjuntos de datos pequeños y requiere menos potencia de cálculo.

- El deep learning necesita enormes cantidades de datos para obtener un buen rendimiento y utiliza hardware avanzado, como GPU y TPU.

4. Aplicaciones

- El machine learning se utiliza en aplicaciones como el filtrado de correo no deseado, la predicción de precios, el diagnóstico médico y otras tareas que pueden resolverse con conjuntos de datos estructurados.

- El deep learning sobresale en aplicaciones que requieren la comprensión de patrones complejos, como el reconocimiento de imágenes, la conducción autónoma, el reconocimiento de voz y la traducción automática.

Ejemplo Práctico: Reconocimiento de Imágenes (Perros vs. Gatos)

1. Enfoque con Machine Learning Tradicional

En el machine learning tradicional, para resolver el problema de reconocimiento de imágenes de perros y gatos, se siguen estos pasos:

1. **Recolección de datos:** Obtienes un conjunto de imágenes etiquetadas, donde cada imagen está asociada a su categoría correcta ("perro" o "gato").

2. **Extracción de características (Feature Extraction):** Este es uno de los pasos más importantes en machine learning. No se utilizan las imágenes sin procesar, sino que se deben extraer manualmente algunas características relevantes de las imágenes. Un ingeniero podría identificar:

    - **Características geométricas:** La forma de las orejas o el hocico.
    - **Textura:** Si el pelaje es liso o áspero.
    - **Color:** La distribución de colores en la imagen.

Los ingenieros pueden utilizar herramientas para extraer estas características o escribir algoritmos específicos para hacerlo. El modelo trabaja solo sobre estas características, no sobre la imagen completa.

3. **Entrenamiento del modelo:** Utilizas algoritmos clásicos de machine learning, como:

- SVM (Máquinas de Vectores de Soporte).

- Árboles de decisión.

- K-Nearest Neighbors (KNN).

El modelo se entrena en estos datos transformados (las características extraídas) para aprender a distinguir entre perros y gatos.

4. **Predicción:** Una vez entrenado, el modelo recibe una nueva imagen, realiza la misma extracción de características y hace una predicción basada en las características identificadas.

Ventajas y Desventajas:

- **Ventaja:** Funciona bien con conjuntos de datos pequeños y no requiere un hardware extremadamente potente.

- **Desventaja:** La precisión depende en gran medida de la calidad de la selección de características, lo que requiere conocimientos específicos y trabajo manual.

2. Enfoque con Deep Learning (Redes Neuronales Convolucionales - CNN)

En deep learning, puedes utilizar una red neuronal convolucional (CNN) para resolver el mismo problema, pero el proceso es más automatizado.

1. **Recolección de datos:** También recolectas un conjunto de datos de imágenes etiquetadas, con categorías "perro" y "gato".

2. **Entrenamiento con la CNN:**

    o   En lugar de extraer manualmente las características, la CNN trabaja directamente con las imágenes sin procesar.

    o   La CNN tiene capas que identifican automáticamente patrones en la imagen. Inicialmente, la red reconoce características simples como bordes y formas, y luego, en capas más profundas, detecta estructuras más complejas, como la forma general del hocico de un perro o un gato.

3. **Arquitectura de la CNN:**

    o   **Capa convolucional:** Detecta características como bordes y texturas.

    o   **Capa de pooling:** Reduce el tamaño de las características identificadas para hacer el modelo más eficiente.

    o   **Capa completamente conectada:** Finalmente, la red combina todas las características identificadas para hacer la predicción final: "perro" o "gato".

4. **Predicción:** Después del entrenamiento, la CNN recibe una nueva imagen y hace una predicción basada en el análisis automático de los patrones que ha aprendido durante el entrenamiento.

Ventajas y Desventajas:

- **Ventaja:** La CNN puede aprender automáticamente a partir de las imágenes, sin necesidad de extraer manualmente las características. Además, logra una mayor precisión, especialmente en problemas complejos y con grandes conjuntos de datos.

- **Desventaja:** Requiere una gran cantidad de datos para obtener buenos resultados y mucha potencia de cálculo (GPU) para entrenar el modelo.

Aquí terminan los capítulos 3 y 4, en los que hemos abordado dos temas técnicos fundamentales: machine learning y deep learning. Aunque son complejos, forman la base de la inteligencia artificial, por lo que era esencial tratarlos con detalle. He intentado explicar estos conceptos de la manera más clara posible, utilizando ejemplos prácticos y pequeñas síntesis al final de cada punto para ayudarte a entender mejor.

Ahora que hemos concluido la parte más técnica y funcional, ¡podemos relajarnos un poco! En los próximos capítulos, nos adentraremos en otros temas relacionados con la IA, más aplicativos y menos "matemáticos". ¿Listo para continuar? Solo te falta pasar la página... literalmente.

CAPÍTULO 5: Aplicaciones de la Inteligencia Artificial en Sectores Industriales

En este capítulo exploraremos las numerosas aplicaciones prácticas de la inteligencia artificial en diversos sectores industriales, demostrando cómo la IA está transformando el mundo laboral y los procesos productivos. Desde la salud hasta las finanzas, desde la logística hasta la manufactura, veremos cómo estas tecnologías están mejorando la eficiencia, optimizando los recursos y permitiendo innovaciones antes inimaginables. A través de ejemplos concretos, este capítulo te ofrecerá una visión clara de cómo la IA ya se está utilizando hoy en día para resolver problemas reales y abrir nuevas oportunidades en los principales sectores económicos.

SALUD: DIAGNÓSTICOS Y TRATAMIENTOS PERSONALIZADOS

La inteligencia artificial (IA) está transformando rápidamente el sector de la salud, revolucionando la forma en que los médicos diagnostican enfermedades y personalizan los tratamientos para los pacientes. Gracias a técnicas avanzadas como el machine learning y el deep learning, los sistemas de IA pueden analizar enormes cantidades de datos médicos, identificar patrones invisibles al ojo humano y proporcionar diagnósticos y planes terapéuticos más precisos y personalizados. Esto lleva a diagnósticos más rápidos, tratamientos a medida y, en muchos casos, mejores resultados para los pacientes.

Diagnósticos Médicos con IA

Uno de los usos más prometedores de la IA en la salud es el diagnóstico automático de enfermedades mediante el análisis de imágenes médicas. Las herramientas de IA, en particular las redes neuronales convolucionales (CNN), están entrenadas para reconocer patrones específicos en imágenes, como radiografías, resonancias magnéticas, tomografías y mamografías. Estas herramientas pueden detectar anomalías y signos de enfermedades con un nivel de precisión muy alto, a menudo comparable o incluso superior al de un radiólogo humano.

Ejemplo: Detección del cáncer de mama

Un ejemplo concreto es el uso de redes neuronales para la detección del cáncer de mama en mamografías. Los algoritmos de deep learning están entrenados con grandes cantidades de imágenes, algunas de las cuales muestran tumores y otras no. Estos modelos pueden "aprender" a reconocer los signos del cáncer, como la presencia de microcalcificaciones o masas sospechosas, incluso en las primeras etapas de la enfermedad. Con la IA, los médicos pueden obtener diagnósticos más precisos, reduciendo el número de falsos positivos y falsos negativos.

Las capacidades de las CNN para analizar imágenes complejas y detectar enfermedades tempranamente están mejorando significativamente las tasas de supervivencia de los pacientes, permitiendo a los médicos intervenir de manera más temprana y específica.

Tratamientos Personalizados con IA

Además del diagnóstico, la IA está abriendo nuevas fronteras en la creación de tratamientos personalizados, o medicina de precisión. Tradicionalmente, los tratamientos se prescriben basándose en pautas generales que no siempre tienen en cuenta las características únicas de cada paciente. Sin embargo, la IA puede analizar los datos genéticos, clínicos y ambientales de los pacientes para crear terapias personalizadas.

Ejemplo: Oncología personalizada

En oncología, la IA se utiliza para analizar el perfil genético del paciente y del tumor. Existen diferentes tipos de cáncer de pulmón, cada uno de los cuales responde de manera diferente a los tratamientos. Al analizar el ADN del tumor y combinarlo con los datos del paciente, la IA puede recomendar el tratamiento más eficaz para ese paciente en particular, reduciendo el riesgo de efectos secundarios innecesarios y mejorando las probabilidades de éxito.

Este enfoque permite a los médicos abandonar el enfoque tradicional de "talla única" y proponer terapias más dirigidas y potencialmente más eficaces. En oncología, la IA también se utiliza para predecir cómo responderá un paciente a un determinado medicamento, evaluando el riesgo de resistencia al tratamiento o de recaída.

Monitoreo Continuo y Prevención

La IA no se limita solo a diagnósticos y tratamientos; también se utiliza para el monitoreo continuo de los pacientes, especialmente aquellos con enfermedades crónicas, y para la prevención. Los dispositivos wearable, como relojes inteligentes o sensores biométricos, recopilan datos en tiempo real sobre la salud del paciente, como la frecuencia cardíaca, la presión arterial, el nivel de oxígeno en sangre y otros parámetros vitales. La IA analiza estos datos en tiempo real, identificando patrones que podrían indicar una condición médica emergente, como un ataque al corazón o una crisis hiperglucémica.

Por ejemplo, en pacientes con diabetes, la IA puede monitorear los niveles de glucosa y proporcionar recomendaciones personalizadas para la dieta o la administración de insulina, previniendo complicaciones graves. Este tipo de monitoreo inteligente reduce la necesidad de visitas médicas frecuentes y ayuda a los pacientes a gestionar mejor su condición.

Desafíos y Oportunidades

A pesar de los grandes avances, todavía hay algunos desafíos por superar en el uso de la IA en la salud. Uno de los principales es la necesidad de contar con datos de alta calidad. La IA depende del acceso a grandes cantidades de datos precisos y diversificados para proporcionar predicciones confiables, y no todos los hospitales o sistemas de salud disponen de estos datos. Además, existen preocupaciones relacionadas con la privacidad y la seguridad de los datos, ya que la información de salud es altamente sensible.

Sin embargo, las oportunidades que ofrece la IA son inmensas. La automatización de los diagnósticos y la personalización de los tratamientos están conduciendo a una medicina más eficiente y personalizada, capaz de ofrecer una mejor atención a un costo menor. A medida que la tecnología continúa evolucionando y mejorando, se espera que la IA tenga un impacto cada vez mayor en la mejora de la calidad de la atención y en la gestión de enfermedades crónicas y complejas.

En resumen, la IA está cambiando radicalmente el sector de la salud, desde los diagnósticos rápidos y precisos hasta la creación de tratamientos personalizados basados en datos genéticos y clínicos. Gracias a su capacidad para analizar grandes volúmenes de datos, la inteligencia artificial está contribuyendo a mejorar los resultados clínicos, ofreciendo una atención sanitaria más precisa, proactiva y orientada a las necesidades específicas de los pacientes.

Finanzas: Trading Algorítmico y Análisis de Riesgos

La inteligencia artificial (IA) está transformando profundamente el sector financiero, con aplicaciones que van desde el trading algorítmico hasta el análisis de riesgos y la detección de fraudes. Gracias al uso de algoritmos avanzados de machine learning, las instituciones financieras pueden tomar decisiones más rápidas, optimizar sus estrategias y prevenir actividades ilícitas. La IA se ha convertido en una herramienta indispensable para mejorar la eficiencia y la seguridad en los mercados financieros, ayudando a los inversores a tomar decisiones más informadas y previniendo pérdidas significativas.

Trading Algorítmico

Uno de los usos más conocidos de la IA en las finanzas es el trading algorítmico, o "algo-trading", que implica el uso de algoritmos para ejecutar operaciones de trading de manera automática y rápida. En este contexto, el machine learning se utiliza para analizar grandes cantidades de datos históricos y en tiempo real, buscando patrones y tendencias en los mercados que puedan aprovecharse para realizar operaciones rentables.

¿Cómo funciona el trading algorítmico?

En el trading algorítmico, los algoritmos están diseñados para seguir una serie de reglas predefinidas para comprar o vender activos financieros, como acciones, bonos o divisas. Estos algoritmos analizan diversos factores, como los precios de mercado, los volúmenes de intercambio, los indicadores técnicos e incluso las noticias en tiempo real. Una vez que se identifica un patrón favorable, el sistema ejecuta automáticamente la operación en unos milisegundos, aprovechando oportunidades que serían imposibles de capturar para un operador humano debido a la velocidad requerida.

Ejemplo práctico: Predicción de fluctuaciones del mercado

Los algoritmos de machine learning pueden ser entrenados con datos históricos para predecir fluctuaciones en el mercado. Por ejemplo, un algoritmo podría analizar años de datos sobre una acción específica e identificar cómo ciertos factores, como los cambios en las tasas de interés o las variaciones en los volúmenes de intercambio, influyen en su precio. Utilizando esta información, el algoritmo puede hacer predicciones sobre el comportamiento futuro de la acción y recomendar operaciones de compra o venta.

Además, la IA puede analizar el sentimiento del mercado mediante técnicas de procesamiento del lenguaje natural (NLP), examinando artículos de noticias, publicaciones en redes sociales y otras fuentes para comprender el estado de ánimo de los inversores. Por ejemplo, un aumento en las discusiones positivas sobre una empresa en particular podría conducir a un aumento en el precio de sus acciones, y el algoritmo puede anticipar estas tendencias en tiempo real, ayudando a los inversores a tomar decisiones más informadas.

Análisis de Riesgos y Detección de Fraudes

Otro campo en el que la IA es fundamental es el análisis de riesgos y la detección de fraudes. Los bancos y las instituciones financieras están constantemente expuestos a riesgos, como el riesgo crediticio, el riesgo de mercado o el riesgo operativo, y la IA puede ayudar a gestionarlos de manera más efectiva.

Machine Learning para el análisis de riesgos

Las técnicas de machine learning pueden analizar enormes cantidades de datos financieros para identificar factores de riesgo y predecir posibles problemas. Por ejemplo, en el sector bancario, los algoritmos se pueden utilizar para analizar el comportamiento de los clientes y determinar su probabilidad de impago (es decir, la probabilidad de que un cliente no pague un préstamo). Al analizar datos como los ingresos, el historial crediticio, la edad y la estabilidad laboral, la IA puede calcular con precisión el riesgo asociado a un préstamo y ayudar a los bancos a tomar decisiones más informadas sobre a quién conceder crédito.

Ejemplo práctico: Detección de fraudes

La detección de fraudes es otra área crítica en la que la IA está logrando grandes avances. Los métodos tradicionales de detección de fraudes a menudo se basan en reglas fijas, como el bloqueo automático de transacciones superiores a una cierta cantidad en regiones de alto riesgo. Sin embargo, estos sistemas pueden resultar demasiado rígidos, generando muchos falsos positivos (bloqueos innecesarios) o no detectando actividades fraudulentas más sutiles.

El machine learning, en cambio, puede analizar el comportamiento de cada usuario en tiempo real y reconocer patrones anómalos que podrían indicar fraude. Por ejemplo, si un usuario comienza de repente a realizar compras inusuales o transferencias de dinero de manera inconsistente con su comportamiento pasado, el algoritmo podría marcarlo como sospechoso. Un algoritmo de machine learning también podría detectar esquemas complejos de fraude, como fraudes distribuidos en varias cuentas o transacciones realizadas con identidades robadas.

Además, la IA puede aprender de nuevos datos y adaptarse a patrones emergentes de fraude, lo que hace que el sistema de detección sea más dinámico y preciso en comparación con los métodos tradicionales. Esto reduce el riesgo para las instituciones financieras y ayuda a proteger mejor a los clientes contra pérdidas injustificadas.

Ventajas de la IA en Finanzas

El uso de la IA en áreas como el trading algorítmico y el análisis de riesgos ofrece numerosas ventajas:

1. **Velocidad**: Los algoritmos de IA pueden ejecutar operaciones y análisis en una fracción de segundo, aprovechando oportunidades que se escaparían a los operadores humanos.

2. **Precisión**: La IA puede reducir los errores humanos y mejorar la precisión de las predicciones, reduciendo los riesgos.

3. **Adaptabilidad**: Los algoritmos de machine learning pueden adaptarse a nuevos datos y cambiar estrategias en tiempo real, mejorando continuamente su rendimiento.

La inteligencia artificial ha revolucionado el mundo de las finanzas, con aplicaciones prácticas que van desde el trading algorítmico hasta el análisis de riesgos y la detección de fraudes. Gracias al uso del machine learning, las instituciones financieras pueden tomar decisiones más rápidas e informadas, mejorando la rentabilidad y la seguridad de las transacciones. Con el continuo avance de la tecnología, el papel de la IA en las finanzas no hará más que expandirse, ofreciendo cada vez más oportunidades para optimizar procesos y mejorar la gestión de riesgos.

Producción y Logística

La inteligencia artificial (IA) está transformando radicalmente el sector de la producción y la logística, mejorando la eficiencia, reduciendo costos y aumentando la productividad. Gracias al uso de técnicas avanzadas de machine learning, robótica y análisis predictivo, las empresas pueden automatizar procesos, optimizar las cadenas de suministro y gestionar de manera inteligente las operaciones diarias. La IA también permite predecir la demanda y responder de manera proactiva a las variaciones del mercado, mejorando la agilidad de las empresas en un mundo cada vez más competitivo.

Optimización de las Cadenas de Suministro

Una de las áreas donde la IA está teniendo un impacto significativo es la optimización de las cadenas de suministro. Las empresas deben gestionar flujos complejos de mercancías y materiales a través de diferentes proveedores, almacenes y distribuidores. La IA permite mejorar la gestión de estos procesos mediante el análisis de datos y la previsión de necesidades futuras.

Ejemplo: Previsión de la Demanda

Gracias a los algoritmos de machine learning, las empresas pueden analizar datos históricos de ventas, factores estacionales, tendencias de mercado e incluso eventos imprevistos para prever la demanda futura. Estos modelos predictivos ayudan a las empresas a optimizar los pedidos de materias primas y a reducir los costos de almacenamiento. Por ejemplo, una empresa automotriz puede analizar datos sobre ventas pasadas y tendencias de consumo para determinar cuántos componentes serán necesarios en los próximos meses, evitando tanto el exceso de inventario como la escasez que podría retrasar la producción.

Además, la IA puede monitorear en tiempo real las fluctuaciones en la cadena de suministro, como retrasos en proveedores o variaciones en los precios de materiales, y sugerir ajustes inmediatos, como la búsqueda de proveedores alternativos o la modificación de rutas de transporte.

Ejemplo: Optimización de la Logística

La IA juega un papel crucial también en la optimización logística. Los algoritmos de inteligencia artificial pueden calcular las rutas más eficientes para el transporte de mercancías, considerando factores como el tráfico, las condiciones meteorológicas, el consumo de combustible y la capacidad de los vehículos. Esto conlleva una reducción de los costos de transporte, una mayor puntualidad en las entregas y una disminución de las emisiones de CO_2.

Un ejemplo concreto es el uso de sistemas de gestión de flotas impulsados por IA, que monitorizan la ubicación de los camiones, optimizan las rutas y planifican el mantenimiento preventivo de los vehículos para evitar averías inesperadas. Amazon, por ejemplo, utiliza estos sistemas para garantizar entregas rápidas y eficientes a gran escala.

AUTOMATIZACIÓN DE LOS PROCESOS PRODUCTIVOS

En el sector de la producción, la IA es la base de muchas tecnologías avanzadas que están cambiando la forma en que se fabrican los productos. Una de las aplicaciones más significativas es el uso de robots inteligentes, que están automatizando numerosos procesos productivos, aumentando la precisión y reduciendo los tiempos de producción.

Ejemplo: Robots Inteligentes en Fábricas

Los robots industriales impulsados por IA pueden realizar tareas repetitivas, pero también adaptarse a cambios en el entorno de trabajo, lo que los hace mucho más versátiles que los robots tradicionales. Por ejemplo, en las líneas de montaje automotrices, los robots inteligentes pueden realizar operaciones de ensamblaje y soldadura con precisión milimétrica, mientras aprenden continuamente de las operaciones que ejecutan, mejorando con el tiempo gracias al machine learning.

Estos robots también pueden trabajar en colaboración con los trabajadores humanos, creando sistemas de producción híbridos, donde los robots realizan las tareas más peligrosas o físicamente agotadoras, mientras que los operarios se centran en tareas de supervisión y control de calidad. Esto mejora la seguridad en el trabajo y la calidad de los productos terminados.

Ejemplo: Mantenimiento Predictivo

Otra aplicación crucial de la IA en la producción es el mantenimiento predictivo. Sensores instalados en las máquinas recopilan datos en tiempo real sobre su rendimiento, como la temperatura, las vibraciones y el consumo de energía. Los algoritmos de inteligencia artificial analizan estos datos para predecir cuándo una máquina podría fallar, permitiendo así realizar el mantenimiento antes de que se produzcan interrupciones en la producción.

Este enfoque reduce los tiempos de inactividad no planificados y los costos de reparación, mejorando la eficiencia general de la fábrica.

Ventajas de la IA en Producción y Logística

La integración de la inteligencia artificial en los procesos productivos y logísticos ofrece numerosas ventajas:

1. **Reducción de los costos operativos**: La automatización de procesos y la optimización de las rutas de transporte reducen los costos generales.

2. **Mayor eficiencia**: Las previsiones de demanda y el mantenimiento predictivo mejoran la gestión de recursos y reducen los tiempos de inactividad.

3. **Mejor precisión**: El uso de robots inteligentes aumenta la precisión en los procesos productivos, reduciendo los errores humanos.

La inteligencia artificial está revolucionando los sectores de la producción y la logística, permitiendo a las empresas ser más ágiles y competitivas. Desde la optimización de las cadenas de suministro hasta el mantenimiento predictivo y el uso de robots inteligentes, la IA está transformando los procesos industriales, reduciendo costos, mejorando la calidad y haciendo más eficiente toda la cadena productiva. Con el continuo progreso tecnológico, la IA seguirá impulsando innovaciones que definirán el futuro de la producción y la logística.

Agricultura de Precisión

La agricultura de precisión es un enfoque innovador que utiliza la inteligencia artificial (IA) y otras tecnologías avanzadas para mejorar la eficiencia y la sostenibilidad de las actividades agrícolas. El objetivo es optimizar el uso de recursos como el agua, los fertilizantes y los pesticidas, reduciendo los residuos y aumentando los rendimientos. Gracias a drones, sensores inteligentes y algoritmos de machine learning, los agricultores pueden tomar decisiones más informadas, monitorear los cultivos en tiempo real y predecir las condiciones óptimas para el crecimiento de las plantas.

Drones para el Monitoreo de Cultivos

Los drones se han convertido en herramientas indispensables para la agricultura de precisión. Equipados con cámaras de alta resolución y sensores multiespectrales, los drones pueden sobrevolar los campos y recopilar datos detallados sobre el estado de los cultivos. Estos datos, analizados mediante algoritmos de IA, proporcionan información crucial sobre la salud de las plantas, detectando problemas en tiempo real, como enfermedades, plagas o estrés hídrico.

Ejemplo práctico: Un dron sobrevuela un campo de trigo y recopila imágenes multiespectrales. Al analizar las imágenes, el algoritmo de IA puede detectar áreas donde las plantas muestran signos de estrés, como el amarillamiento de las hojas, lo que indica una posible falta de nutrientes o la presencia de plagas. Gracias a esta información, el agricultor puede intervenir rápidamente, aplicando fertilizantes o pesticidas solo donde sea necesario, reduciendo el uso excesivo de productos químicos y los costos.

Sensores Inteligentes para la Optimización de Recursos

Además de los drones, la agricultura de precisión utiliza sensores inteligentes instalados en el suelo o en las máquinas agrícolas para monitorear parámetros como la humedad del suelo, la temperatura y la calidad del aire. Estos sensores proporcionan datos en tiempo real que pueden utilizarse para optimizar el riego y el uso de fertilizantes.

Ejemplo práctico: En una plantación de maíz, los sensores en el suelo monitorean constantemente la humedad. Cuando los niveles caen por debajo de un umbral crítico, el sistema de riego inteligente, alimentado por IA, se activa automáticamente, proporcionando la cantidad exacta de agua necesaria. Este sistema no solo previene el desperdicio de agua, sino que también evita el exceso de riego, que puede dañar las plantas.

Ventajas de la Agricultura de Precisión

- **Optimización de recursos**: El uso específico de agua, fertilizantes y pesticidas reduce los costos y el impacto ambiental.

- **Monitoreo continuo**: Las tecnologías basadas en IA permiten a los agricultores monitorear los cultivos en tiempo real y actuar rápidamente.

- **Aumento de los rendimientos**: Con decisiones más informadas, los agricultores pueden maximizar los rendimientos y mejorar la calidad de los cultivos.

La agricultura de precisión está transformando el sector agrícola, haciendo que las prácticas sean más eficientes y sostenibles. Gracias a la IA, los drones y los sensores inteligentes, los agricultores pueden optimizar los recursos y mejorar el rendimiento de los cultivos, contribuyendo a una producción de alimentos más inteligente y responsable.

Transporte y Conducción Autónoma

La inteligencia artificial (IA) está transformando profundamente el sector del transporte, con un enfoque particular en la conducción autónoma y los sistemas de gestión de tráfico inteligente. Los automóviles autónomos, impulsados por algoritmos de deep learning, sensores avanzados y potentes computadoras a bordo, están abriendo el camino hacia un futuro donde los vehículos podrán moverse de manera segura y eficiente sin intervención humana. En este contexto, empresas como Tesla están a la vanguardia del desarrollo de estas tecnologías revolucionarias.

Cómo Funciona la Conducción Autónoma

Los coches autónomos utilizan una combinación de sensores (como cámaras, radares y lidar), algoritmos de machine learning y redes neuronales para "ver" y "comprender" el entorno que los rodea. Estos sistemas pueden detectar objetos, señales de tráfico, vehículos, peatones y cualquier otro elemento presente en la carretera. La IA procesa continuamente esta información en tiempo real, tomando decisiones como acelerar, frenar, girar e incluso elegir rutas alternativas en función de las condiciones del tráfico.

El núcleo de la conducción autónoma son los algoritmos de deep learning, que aprenden a partir de enormes cantidades de datos recopilados de vehículos en la carretera. Durante el entrenamiento, los algoritmos aprenden a reconocer patrones y situaciones comunes, como cuándo un coche va a cambiar de carril, o más complejas, como el comportamiento de los peatones en los cruces. Cada vez que un coche autónomo circula por la carretera, recopila datos que pueden utilizarse para mejorar aún más el sistema, haciéndolo más seguro e inteligente.

Ejemplo: Tesla y el FSD (Full Self-Driving)

Tesla es uno de los líderes indiscutibles en el campo de la conducción autónoma, gracias a su sistema FSD (Full Self-Driving), una suite de funcionalidades que permite al coche conducir de manera autónoma en casi todas las condiciones. Tesla utiliza un sistema basado en cámaras y redes neuronales para analizar la carretera en tiempo real, combinando esta información con GPS y mapas de alta resolución para navegar de manera segura.

El sistema FSD se mejora constantemente a través de actualizaciones de software over-the-air, lo que permite que los vehículos aprendan nuevas funciones y mejoren su rendimiento incluso después de ser comprados. Tesla ha adoptado un enfoque basado principalmente en la visión, utilizando cámaras de manera intensiva para percibir el entorno, a diferencia de otras soluciones que dependen principalmente del lidar.

Para comprender completamente la potencia y las capacidades de este sistema, te recomiendo buscar en YouTube algunos videos de las últimas versiones del FSD en acción. Es impresionante ver cómo el coche maneja situaciones complejas, como intersecciones concurridas, rotondas, estacionamientos o cambios de carril en la autopista, sin ninguna intervención humana.

Sistemas de Gestión del Tráfico Inteligente

Además de la conducción autónoma, la IA está transformando también la forma en que las ciudades gestionan el tráfico. Los sistemas de gestión de tráfico inteligente utilizan algoritmos de machine learning para analizar en tiempo real los flujos de tráfico, optimizando la gestión de semáforos, prediciendo atascos y sugiriendo rutas alternativas para mejorar el flujo de vehículos.

Por ejemplo, en muchas grandes ciudades, los semáforos están conectados a redes inteligentes que ajustan los tiempos de espera según el número de vehículos presentes. La IA puede recopilar datos de cámaras y sensores en la carretera y modificar los tiempos de los semáforos en tiempo real para reducir la congestión en las horas punta. Esto no solo reduce los tiempos de viaje, sino que también contribuye a disminuir las emisiones de CO_2 gracias a un tráfico más fluido.

Ventajas de la Conducción Autónoma y los Sistemas de Tráfico Inteligente

1. **Reducción de accidentes de tráfico**: Los algoritmos de conducción autónoma están diseñados para ser altamente reactivos y no están sujetos a distracciones o errores humanos, lo que reduce el riesgo de accidentes.

2. **Mejora de la eficiencia del tráfico**: Con la IA regulando el tráfico y los vehículos autónomos coordinándose entre sí, el tráfico se vuelve más fluido, reduciendo atascos y tiempos de espera.

3. **Ahorro de tiempo**: Con la conducción autónoma, los pasajeros pueden dedicarse a otras actividades durante el trayecto, haciendo que el tiempo en el coche sea más productivo.

4. **Reducción de emisiones**: Un tráfico más eficiente significa menos vehículos detenidos y una reducción en el consumo de combustible, contribuyendo a la disminución de la contaminación.

La inteligencia artificial está redefiniendo el futuro del transporte, trayendo innovaciones como los coches autónomos y los sistemas de gestión de tráfico inteligente. Empresas como Tesla están a la vanguardia en el desarrollo de estas tecnologías, haciendo que la conducción autónoma sea una realidad cada vez más cercana. Para apreciar plenamente lo avanzados que están estos sistemas, es interesante ver algunos de los videos disponibles en línea sobre las versiones más recientes del FSD de Tesla: realmente es impresionante ver lo que la IA puede hacer en el campo de la conducción.

Inteligencia Artificial en el Ámbito Militar

La inteligencia artificial (IA) está transformando rápidamente el sector militar, introduciendo nuevas tecnologías que están redefiniendo la forma en que se libran las guerras y se llevan a cabo las operaciones de defensa. Desde la planificación estratégica hasta la vigilancia, pasando por drones autónomos y sistemas de ciberdefensa, la IA está revolucionando cada aspecto de las operaciones militares, mientras plantea cuestiones éticas y legales.

APLICACIONES DE LA IA EN EL ÁMBITO MILITAR

1. **Drones y Sistemas Autónomos**

    Uno de los desarrollos más significativos en el uso de la IA en el sector militar es la utilización de drones y vehículos autónomos. Los drones equipados con inteligencia artificial pueden operar sin necesidad de control humano directo, realizando misiones de reconocimiento, vigilancia e incluso ataques a objetivos específicos. Estos drones pueden analizar el entorno, identificar amenazas potenciales y reaccionar rápidamente, mejorando la eficacia de las operaciones en el campo.

Un ejemplo es el uso de UAV (Unmanned Aerial Vehicles), ya empleados en numerosas misiones militares. La IA permite que estas aeronaves tomen decisiones autónomas, como modificar la ruta de vuelo según las condiciones del campo de batalla o seleccionar objetivos a atacar. El uso de drones autónomos ofrece ventajas tácticas significativas, reduciendo la necesidad de exponer a soldados a situaciones peligrosas.

2. **Vigilancia y Reconocimiento**

    La IA también es fundamental en los sistemas de vigilancia y reconocimiento. Los algoritmos de inteligencia artificial pueden analizar rápidamente enormes cantidades de datos provenientes de satélites, cámaras y sensores, identificando movimientos sospechosos o actividades militares hostiles. Estos sistemas de vigilancia pueden monitorear de manera continua y precisa vastas áreas geográficas, haciendo que las fuerzas militares sean más eficientes en la recolección y análisis de información.

La tecnología de IA puede mejorar los sistemas de reconocimiento facial y el seguimiento de movimientos enemigos, ofreciendo una ventaja estratégica a las fuerzas armadas. Los sistemas de análisis de datos en tiempo real permiten a los militares responder más rápidamente a las amenazas y predecir con mayor precisión los movimientos de los adversarios.

3. **Simulaciones y Planificación Estratégica**

    La IA se utiliza en simulaciones de guerra para prever los posibles resultados de operaciones militares. Las simulaciones basadas en IA pueden modelar diferentes escenarios de batalla, considerando miles de variables y permitiendo a los comandantes tomar decisiones más informadas. Estas simulaciones no solo mejoran la planificación estratégica, sino que también permiten entrenar a los soldados en entornos simulados extremadamente realistas.

La IA puede analizar los datos recopilados durante estas simulaciones y proporcionar sugerencias para optimizar las estrategias, mejorando la gestión de recursos y la coordinación entre las distintas unidades militares.

4. **Ciberdefensa**

   Otro ámbito en el que la IA está demostrando su eficacia es la ciberdefensa. Los sistemas de inteligencia artificial pueden detectar ataques cibernéticos en tiempo real, analizando los patrones de tráfico de red e identificando actividades sospechosas. Los algoritmos de machine learning permiten a los sistemas de defensa anticipar amenazas cibernéticas y responder automáticamente, protegiendo infraestructuras críticas, sistemas de comunicación militar y datos sensibles.

La protección de redes militares contra ataques cibernéticos es crucial, ya que la guerra moderna no solo se libra en los campos de batalla tradicionales, sino también en el espacio virtual. En este contexto, la IA representa una de las armas más poderosas en la guerra cibernética.

5. **Robótica Militar**

   Además de los drones, la IA es la base de avances significativos en la robótica militar. Los robots autónomos pueden utilizarse para llevar a cabo misiones de apoyo logístico, como transportar cargas pesadas o realizar reparaciones en áreas peligrosas. Además, robots de combate con IA integrada pueden emplearse en situaciones de alto riesgo, como operaciones de desminado o combates en espacios reducidos.

Cuestiones Éticas y Desafíos

Aunque la IA ofrece ventajas significativas en el ámbito militar, también plantea cuestiones éticas y legales. El uso de armas autónomas, como los drones armados, plantea preguntas cruciales sobre quién debe ser responsable de las decisiones de vida o muerte tomadas por las máquinas. Los expertos temen que la IA pueda reducir la intervención humana en decisiones militares cruciales, aumentando el riesgo de errores o de escaladas no controladas.

Además, el uso de inteligencia artificial para la vigilancia masiva podría comprometer la privacidad y los derechos humanos, especialmente en contextos civiles, donde estas tecnologías podrían emplearse para reprimir el disenso o limitar las libertades personales.

CÓMO LA INTELIGENCIA ARTIFICIAL PUEDE AYUDAR A LAS PERSONAS CON DISCAPACIDAD

La inteligencia artificial (IA) ofrece un potencial enorme para mejorar la vida de las personas con discapacidad, ayudándolas a superar barreras físicas, sensoriales y cognitivas que limitan su autonomía. Gracias a herramientas y tecnologías basadas en IA, es posible crear soluciones que permiten a las personas con discapacidad vivir de manera más independiente, facilitando su integración en la sociedad y en el mundo laboral. Veamos cómo la IA puede marcar la diferencia en varios ámbitos.

1. Movilidad y Acceso Físico

Para las personas con discapacidades motoras, la IA está revolucionando la forma en que se mueven e interactúan con el mundo que las rodea. Entre las innovaciones más importantes se encuentran:

- **Sistemas de movilidad inteligente**, como sillas de ruedas autónomas. Estas sillas, equipadas con IA y sensores, pueden navegar de forma autónoma por entornos complejos, evitando obstáculos y asistiendo al usuario para alcanzar su destino deseado, reduciendo la dependencia de ayuda externa.

- **Exoesqueletos robóticos**, dispositivos que ayudan a las personas con parálisis o debilidad muscular a caminar. La IA analiza los movimientos del cuerpo para proporcionar un apoyo específico, mejorando la movilidad.

2. Comunicación Asistida

Las personas con discapacidades del habla o cognitivas pueden beneficiarse enormemente de la IA a través de herramientas que facilitan la comunicación y la interacción:

- **Asistentes de voz** como Siri, Alexa y Google Assistant ayudan a quienes tienen dificultades motoras o visuales a interactuar con dispositivos tecnológicos mediante comandos de voz, simplificando operaciones cotidianas como enviar mensajes, gestionar tareas domésticas y obtener información.

- **Sistemas de comunicación aumentativa** que utilizan IA para convertir señales neuronales o movimientos oculares en palabras, permitiendo a personas con discapacidades graves, como quienes padecen esclerosis lateral amiotrófica (ELA), comunicarse de manera efectiva.

3. Accesibilidad Visual

Para las personas con discapacidades visuales, la IA está creando nuevas formas de percibir el entorno:

- **Aplicaciones de reconocimiento visual**, como Seeing AI de Microsoft, utilizan la cámara de un smartphone para describir el entorno, leer textos o identificar rostros, objetos y lugares. Esto permite a las personas con ceguera moverse de manera autónoma y realizar tareas cotidianas.

- **Gafas inteligentes equipadas con IA**, como las desarrolladas por OrCam, pueden describir lo que ocurre alrededor de la persona, leer textos y reconocer rostros o productos.

4. Accesibilidad Auditiva

Para las personas sordas o con dificultades auditivas, la IA está transformando la forma de percibir los sonidos mediante:

- **Subtítulos automáticos** para videos y conversaciones en tiempo real, proporcionados por plataformas como Google Meet o Microsoft Teams, que utilizan algoritmos de reconocimiento de voz para transcribir conversaciones.

- **Aplicaciones para la traducción de lenguaje de señas** que emplean IA para convertir el lenguaje de señas en texto o voz, facilitando la comunicación entre personas sordas y oyentes.

5. Soporte Cognitivo

Las personas con discapacidades cognitivas, como quienes sufren autismo o trastornos de aprendizaje, pueden beneficiarse de la IA mediante:

- **Aplicaciones de asistencia al aprendizaje**, que utilizan algoritmos para personalizar los contenidos educativos según las necesidades y capacidades individuales, haciendo el aprendizaje más accesible y menos estresante.

- **Asistentes virtuales inteligentes** para la gestión de las actividades diarias, que ayudan a las personas con dificultades cognitivas a organizar su jornada, recordando citas, tareas y medicamentos que deben tomar.

6. Inclusión en el Mundo Laboral

La IA también puede ser una herramienta para promover la inclusión de las personas con discapacidad en el mercado laboral. Gracias a tecnologías como:

- **Software de reconocimiento de voz** y herramientas de automatización, las personas con discapacidades motoras o visuales pueden utilizar ordenadores y dispositivos tecnológicos con mayor autonomía.

- **Herramientas de análisis predictivo** que pueden utilizarse para personalizar trayectorias profesionales y sugerir roles laborales compatibles con las habilidades y limitaciones de las personas con discapacidad.

7. Asistencia Doméstica y Vida Diaria

Finalmente, la IA puede mejorar significativamente la vida doméstica de las personas con discapacidad:

- **Sistemas de hogar inteligente** con IA, como termostatos inteligentes, luces y cerraduras, que pueden controlarse mediante comandos de voz o aplicaciones, ofreciendo un mayor nivel de independencia.

- **Robots asistentes domésticos**, diseñados para ayudar con las tareas diarias, que pueden asistir en la preparación de comidas, la limpieza y el monitoreo de la salud.

CAPÍTULO 6: IA y Vida Cotidiana

Muchos de nosotros pensamos en la inteligencia artificial (IA) como una tecnología futurista, aún distante de nuestra vida diaria. Sin embargo, la IA ya está profundamente integrada en nuestras actividades cotidianas, a menudo sin que nos demos cuenta. Durante años, hemos utilizado herramientas y servicios impulsados por IA para simplificar nuestras vidas: desde asistentes de voz como Alexa y Google Assistant, hasta recomendaciones en Netflix o Amazon, e incluso los sistemas de navegación que usamos para encontrar la mejor ruta. En este capítulo, exploraremos ejemplos concretos de cómo la IA ya es parte de nuestra rutina diaria, demostrando que el futuro está mucho más cerca de lo que pensamos.

ASISTENTES VIRTUALES (SIRI, ALEXA, GOOGLE ASSISTANT)

Los asistentes virtuales como Siri, Alexa y Google Assistant son algunas de las manifestaciones más visibles de la IA en la vida diaria. Estas herramientas nos permiten interactuar con la tecnología de manera natural, simplemente usando nuestra voz. ¿Pero cómo logran entender nuestras solicitudes y responder correctamente? Todo esto es posible gracias a técnicas avanzadas de procesamiento del lenguaje natural (NLP - Natural Language Processing), que permiten a los sistemas de IA interpretar, analizar y generar respuestas en lenguaje humano.

¿Cómo Funcionan los Asistentes de Voz?

1. **Reconocimiento de voz**: Cuando hablas con un asistente de voz, el primer paso es convertir tu voz en texto. Esta operación se llama speech-to-text (reconocimiento de voz). Los asistentes virtuales utilizan algoritmos de IA para reconocer las palabras que dices, incluso en presencia de diferentes acentos o ruido de fondo. Estos sistemas se entrenan con millones de ejemplos de voz para mejorar su capacidad de interpretar correctamente diversas pronunciaciones.

2. **Procesamiento del lenguaje natural (NLP)**: Una vez que tu voz se convierte en texto, entra en juego el núcleo del sistema: el procesamiento del lenguaje natural. Los asistentes virtuales utilizan modelos de deep learning para comprender el significado de lo que has dicho. Este proceso no es simple, ya que las frases humanas pueden ser ambiguas o contener palabras con significados diferentes según el contexto. Por ejemplo, si dices "Enciende la luz en la sala", el asistente debe:

    - Reconocer la acción solicitada ("enciende").
    - Identificar el objeto sobre el que actuar ("luz").
    - Entender el contexto espacial ("en la sala").

Gracias al NLP, el asistente "entiende" las intenciones detrás de las palabras y las transforma en acciones específicas.

3. **Respuesta o ejecución**: Una vez comprendida la solicitud, el asistente virtual actúa. Si has solicitado información, como "¿Cómo estará el tiempo mañana?", el asistente usa el cloud computing para acceder a los datos meteorológicos y devolverte una respuesta coherente. Si has hecho una solicitud práctica, como "Apaga la TV", el asistente envía un comando a los dispositivos inteligentes de tu hogar para realizar la acción.

Ejemplos de Funcionamiento

- **Siri** de Apple puede gestionar operaciones complejas, como enviar mensajes, configurar alarmas o buscar información en internet. Por ejemplo, si dices "Envía un mensaje a Mario: Estoy llegando", Siri interpreta correctamente quién es el destinatario y el contenido del mensaje.

- **Alexa** de Amazon, además de responder preguntas y controlar dispositivos domésticos, puede gestionar rutinas personalizadas, ejecutando una serie de comandos preestablecidos, como encender las luces, reproducir música y ajustar el termostato por la mañana.

- **Google Assistant** es particularmente conocido por su capacidad para proporcionar respuestas detalladas e integradas con el motor de búsqueda de Google. Si preguntas "¿A qué distancia está el restaurante más cercano?", Assistant no solo te dirá la distancia, sino que también puede mostrarte el mapa y calcular el tiempo de llegada según el tráfico.

Aprendizaje y Mejora Continua

Los asistentes de voz no son estáticos. Cada vez que interactuamos con ellos, la IA recopila datos de retroalimentación para mejorar sus respuestas con el tiempo. Estos sistemas utilizan técnicas de machine learning para afinar sus capacidades y mejorar el rendimiento, volviéndose cada vez más precisos al reconocer voces, comprender solicitudes y anticipar las necesidades de los usuarios.

Límites y Desafíos

A pesar de los avances, los asistentes de voz aún enfrentan algunos desafíos. Uno de los principales es el contexto: comprender conversaciones más largas y complejas o preguntas ambiguas puede ser difícil. Por ejemplo, si haces preguntas consecutivas como "¿Quién ganó el último partido de la Juventus?" y luego "¿Cuándo juegan de nuevo?", el asistente debe entender que "ellos" se refiere a la Juventus. Algunos asistentes son buenos para mantener el contexto, mientras que otros pueden cometer errores.

Los asistentes virtuales como Siri, Alexa y Google Assistant se han convertido en compañeros indispensables en la vida cotidiana, simplificando nuestras interacciones con la tecnología gracias al procesamiento del lenguaje natural. Aunque a veces no nos damos cuenta de su papel, estas IA están haciendo nuestra vida más cómoda y conectada, mejorando continuamente su capacidad para comprender y responder a nuestras solicitudes.

Algoritmos de Recomendación (Netflix, Amazon, Spotify..)

Los algoritmos de recomendación son una de las aplicaciones más extendidas de la IA en la vida cotidiana. Plataformas como Netflix, Amazon y muchos otros servicios en línea utilizan IA para analizar las preferencias y comportamientos de los usuarios, proporcionando sugerencias personalizadas de películas, series o productos. Estos algoritmos no solo mejoran la experiencia del usuario, sino que también ayudan a las empresas a mantener al público involucrado y aumentar las ventas.

¿Cómo Funcionan los Algoritmos de Recomendación?

Los algoritmos de recomendación se basan en técnicas avanzadas de machine learning que permiten identificar patrones en los datos. Su funcionamiento se articula en tres enfoques principales:

1. **Filtrado colaborativo**: Este enfoque se basa en las interacciones entre usuarios y contenidos. Si a un usuario le han gustado determinadas películas o productos, el sistema busca otros usuarios con gustos similares y recomienda contenido que también podría gustarle. Por ejemplo, si a un usuario le han gustado varias comedias románticas, Netflix podría sugerirle otras comedias románticas que hayan sido apreciadas por usuarios con gustos similares.

2. **Filtrado basado en contenido**: En este caso, el algoritmo analiza las características del contenido en sí (como el género de una película, los actores principales o la trama) y los compara con aquellos ya

apreciados por el usuario. Si un usuario ha visto muchas películas de acción, el algoritmo buscará sugerirle películas del mismo género con características similares.

3. **Modelos híbridos**: Muchas plataformas, como Netflix y Amazon, utilizan un enfoque híbrido, combinando el collaborative filtering con el content-based filtering para proporcionar sugerencias más precisas. Estos modelos tienen en cuenta tanto las preferencias personales del usuario como lo que les gusta a usuarios similares.

Ejemplos Prácticos: Netflix y Amazon

Netflix utiliza sofisticados algoritmos de recomendación para sugerir películas y series que podrían interesar al usuario. Cada vez que ves una película, dejas una reseña o dejas de ver algo a la mitad, Netflix recopila estos datos para construir un perfil de preferencias. Gracias a este análisis, la plataforma puede sugerir nuevos contenidos que coinciden con tus gustos y mejorar constantemente sus recomendaciones a medida que tu perfil evoluciona.

Amazon utiliza algoritmos similares para sugerir productos en función de tus compras anteriores, los productos visualizados y las reseñas. El algoritmo de Amazon también tiene en cuenta los comportamientos de otros compradores: si muchos usuarios que compraron un determinado producto también adquirieron otro, Amazon podría sugerirte ese mismo artículo, aumentando así las probabilidades de que lo compres.

Impacto en los Usuarios y Beneficios

Los algoritmos de recomendación ofrecen una experiencia personalizada, simplificando el descubrimiento de nuevos contenidos y productos que de otro modo podrían pasar desapercibidos. Para las empresas, estos sistemas aumentan la interacción de los usuarios, incentivándolos a pasar más tiempo en la plataforma o a comprar más productos. Por ejemplo, Netflix logra mantener a los usuarios involucrados sugiriendo nuevos programas según sus gustos, mientras que Amazon incrementa las ventas al proponer productos relevantes.

Los algoritmos de recomendación basados en IA se han convertido en un elemento clave de las plataformas en línea, mejorando la experiencia del usuario y optimizando la oferta de contenidos y productos. Gracias a técnicas avanzadas de machine learning, servicios como Netflix y Amazon pueden ofrecer sugerencias cada vez más precisas y personalizadas, manteniendo a los usuarios satisfechos y comprometidos.

SOCIAL MEDIA Y PERSONALIZACIÓN

La inteligencia artificial (IA) juega un papel central en la personalización del contenido en redes sociales como Facebook, Instagram, X, TikTok y muchas otras plataformas. Cada vez que deslizas tu feed, la IA trabaja tras bambalinas para decidir qué publicaciones, videos o anuncios mostrarte, basándose en una serie de factores que van desde tus interacciones anteriores hasta los contenidos que has visualizado o con los que has interactuado con mayor frecuencia. Este proceso de personalización ha transformado las redes sociales en un espacio digital perfectamente adaptado a tus intereses y comportamientos.

Cómo la IA Personaliza el Feed

Las plataformas sociales utilizan algoritmos de machine learning que analizan los comportamientos de los usuarios para crear experiencias personalizadas. Estos algoritmos se basan principalmente en tres aspectos fundamentales:

1. **Interacciones pasadas**: Cada "me gusta", comentario, compartición o clic que haces es registrado por el algoritmo. Esto ayuda a construir un perfil detallado de tus intereses y preferencias. Si interactúas frecuentemente con las publicaciones de un amigo o con el contenido de una página específica, el algoritmo tenderá a mostrarte publicaciones similares con más frecuencia.

2. **Tiempo de visualización**: El tiempo que pasas viendo cierto tipo de contenido es otro parámetro clave. Si deslizas rápidamente sobre una publicación, la IA interpreta que no te parece interesante. Por el contrario, si ves un video completo o pasas más tiempo en una imagen, el algoritmo entenderá que ese tipo de contenido te interesa y te mostrará publicaciones similares en el futuro.

3. **Comportamientos similares**: Los algoritmos de redes sociales también analizan las interacciones de usuarios con comportamientos similares al tuyo. Si muchas personas con intereses parecidos a los tuyos comienzan a seguir una nueva página o interactuar con un nuevo contenido, es probable que la IA te sugiera hacer lo mismo.

Ejemplos Prácticos: Facebook e Instagram

Facebook utiliza un algoritmo complejo que selecciona los contenidos que ves en tu feed, tratando de mostrarte las publicaciones que considera más relevantes para ti. Esto puede incluir actualizaciones de estado de los amigos con los que más interactúas, publicaciones de páginas que sigues o contenidos publicitarios basados en tus búsquedas anteriores.

Instagram usa algoritmos similares tanto en su feed principal como en la sección Explorar. También aquí, cada interacción, visualización y el tiempo que pasas en ciertos contenidos influye en lo que verás en el futuro. El objetivo es mantenerte involucrado el mayor tiempo posible, mostrándote contenidos que capturen tu atención.

La Influencia de los Medios Sociales y los Riesgos

Si bien la personalización de los medios sociales hace que la navegación sea más agradable y atractiva, también conlleva riesgos importantes relacionados con la influencia que estas plataformas pueden tener sobre los usuarios. Los algoritmos, diseñados para mantenerte activo el mayor tiempo posible, tienden a mostrarte contenidos que refuercen tus opiniones o que estimulen emociones fuertes, como la ira o la sorpresa. Este fenómeno puede crear una especie de burbuja informativa, donde el usuario solo está expuesto a contenidos que confirman sus creencias, ignorando perspectivas alternativas.

Además, la fuerte dependencia de los algoritmos para seleccionar lo que vemos puede llevar a una manipulación de la información. Las plataformas pueden influir en la forma en que percibimos la realidad, promoviendo ciertos contenidos sobre otros, basándose en lógicas comerciales o políticas.

Facebook ha sido objeto de numerosos debates sobre cómo sus algoritmos han influido en elecciones políticas o contribuido a la difusión de noticias falsas. Por otro lado, Instagram ha sido acusado de contribuir a problemas de autoestima entre los jóvenes, al mostrar constantemente imágenes que promueven un estándar de vida o de belleza poco realista, seleccionadas para generar más interacciones.

Estos aspectos plantean serias cuestiones éticas sobre el poder que tienen las redes sociales para moldear nuestro pensamiento, nuestros gustos e incluso nuestras decisiones políticas o de consumo. Las plataformas no son solo espacios de intercambio, sino también máquinas de manipulación dirigidas por IA que explotan nuestras preferencias para mantener nuestra atención el mayor tiempo posible. Sin duda, es un tema muy intrincado que merecería un libro aparte, pero que profundizaremos más adelante.

Los algoritmos de IA que personalizan los medios sociales son herramientas poderosas que hacen que nuestra experiencia sea más atractiva y personalizada. Sin embargo, no debemos subestimar su potencial para influir en nuestras opiniones y hábitos. Si bien es útil y divertido navegar entre contenidos que nos interesan, es importante ser conscientes del poder que estos algoritmos tienen para moldear lo que vemos y, en última instancia, nuestra forma de pensar.

Smart Home y Domótica

La tecnología de las smart homes y la domótica está transformando nuestros hogares en espacios cada vez más inteligentes y conectados, gracias al uso de la inteligencia artificial (IA). Estos sistemas automatizados hacen que la gestión diaria del hogar sea más cómoda y segura, permitiéndonos controlar todo, desde la temperatura hasta el sistema de seguridad, simplemente a través de una app, comandos de voz o de forma completamente automática.

¿Cómo Funciona la Domótica?

La domótica se basa en la integración de dispositivos conectados que se comunican entre sí a través de una red central, a menudo controlada por asistentes de voz como Alexa, Google Assistant o Siri. La IA juega un papel fundamental en la optimización de estos sistemas, aprendiendo de las preferencias de los usuarios y mejorando la eficiencia general del hogar.

1. **Control de temperatura**: Uno de los usos más comunes de la IA en las smart homes es el control inteligente de la temperatura. Dispositivos como el termostato Nest utilizan algoritmos de machine learning para aprender los hábitos diarios de los usuarios, ajustando automáticamente la temperatura según los horarios y las preferencias. Por ejemplo, el sistema podría bajar la calefacción cuando detecta que la casa está vacía y aumentarla justo antes del regreso de los propietarios, mejorando así el confort y reduciendo los costos energéticos.

2. **Gestión de la iluminación**: La IA también puede optimizar la iluminación inteligente. Sistemas como Philips Hue permiten automatizar las luces según la hora del día, la luminosidad exterior o los hábitos personales. La iluminación puede ajustarse automáticamente en función de la presencia de personas en las habitaciones o configurarse para seguir rutinas específicas, como apagar todas las luces por la noche o encenderlas al amanecer.

3. **Sistemas de seguridad**: La seguridad es otro ámbito en el que la IA marca la diferencia. Los sistemas de vigilancia inteligentes, como las cámaras de seguridad de Ring o los timbres inteligentes, utilizan IA para distinguir entre actividades sospechosas y movimientos normales. Las cámaras pueden enviar notificaciones en tiempo real si detectan personas o sonidos inusuales, e incluso reconocer los rostros de familiares y amigos, reduciendo así las falsas alarmas.

4. **Asistentes de voz**: Los asistentes de voz como Alexa, Google Assistant y Siri actúan como el centro de control de todos los dispositivos inteligentes. Con un simple comando de voz, puedes encender luces, controlar electrodomésticos o ajustar la temperatura. Estos asistentes, gracias a la IA, aprenden de las interacciones con los usuarios y se vuelven cada vez más capaces de comprender comandos complejos o personalizados.

Ejemplo Práctico: Automatización del Hogar

Imagina llegar a casa después de un largo día de trabajo: gracias a la domótica impulsada por la IA, tu hogar ya podría haberlo preparado todo para tu llegada. El termostato habrá ajustado la temperatura al nivel perfecto, las luces se encenderán tan pronto como entres y el asistente de voz te dará una actualización de las noticias o del clima. Si tienes una cámara de seguridad, también puedes revisar en tu smartphone quién ha pasado frente a tu casa durante el día.

Ventajas de las Smart Homes

- **Eficiencia energética**: Los sistemas inteligentes ajustan automáticamente la calefacción, las luces y los dispositivos electrónicos, reduciendo el desperdicio de energía.

- **Comodidad y conveniencia**: Con unos pocos comandos de voz o configuraciones preestablecidas, puedes automatizar muchas actividades domésticas.

- **Mayor seguridad**: Los sistemas de vigilancia inteligentes protegen el hogar y proporcionan un monitoreo constante, incluso cuando no estás en casa.

Las smart homes y la domótica impulsadas por la IA están haciendo que nuestros hogares sean más inteligentes, seguros y eficientes. Con dispositivos que aprenden de nuestros hábitos y gestionan automáticamente los principales aspectos de la vida diaria, las smart homes ofrecen una experiencia de vida personalizada y cada vez más automatizada, haciendo que nuestras vidas sean más simples y cómodas.

Gaming e Inteligencia Artificial

La inteligencia artificial (IA) ha tenido un impacto significativo en el mundo de los videojuegos, haciendo que estos sean más inmersivos y dinámicos. Desde los personajes no jugables (NPC) hasta juegos que se adaptan al comportamiento del jugador, la IA se ha convertido en un componente crucial para crear experiencias de juego cada vez más realistas, interactivas y desafiantes.

NPC Inteligentes

Uno de los usos más comunes de la IA en los videojuegos es la gestión de los personajes no jugables (NPC). Los NPC son personajes controlados por el ordenador que interactúan con el jugador o con el entorno del juego. En el pasado, estos personajes seguían patrones predefinidos y repetitivos, lo que hacía sus acciones predecibles. Con la introducción de la IA, los NPC han ganado inteligencia, reaccionando dinámicamente a las acciones del jugador y adaptando su comportamiento en tiempo real.

Por ejemplo, en juegos de estrategia como Age of Empires o StarCraft, la IA puede planear estrategias complejas basadas en los movimientos del jugador, creando un desafío más emocionante. En juegos de rol (RPG) como The Elder Scrolls o Fallout, los NPC no solo interactúan con el jugador según sus decisiones, sino que también pueden realizar acciones autónomas como trabajar, luchar o socializar con otros NPC.

IA que se Adapta al Comportamiento del Jugador

Otro aspecto innovador de la IA en los videojuegos es su capacidad de adaptarse al comportamiento del jugador. En juegos como Left 4 Dead o Alien: Isolation, la IA observa cómo se comporta el jugador y ajusta la dificultad o las dinámicas del juego en función de esta información. Si un jugador es particularmente hábil, la IA puede aumentar el nivel de desafío, generando enemigos más agresivos o creando situaciones más complejas. Por el contrario, si el jugador tiene dificultades, la IA puede reducir la dificultad o ofrecer ayudas invisibles para mantener la experiencia divertida sin generar frustración.

Esta capacidad de adaptación hace que los juegos sean más envolventes, ya que ofrecen un desafío continuo y personalizado. La IA predice las acciones del jugador y responde de manera que el juego sigue siendo interesante, evitando que se vuelva monótono o demasiado difícil.

Juegos Basados en IA

Además de los NPC y las adaptaciones dinámicas, también existen juegos que utilizan la IA como componente principal del gameplay. Por ejemplo, en el juego Hello Neighbor, la IA aprende los hábitos del jugador y ajusta trampas y rutas para sorprenderlo en cada intento. Este enfoque hace que cada partida sea única e impredecible, ofreciendo una experiencia de juego altamente personalizada.

Además, la IA se utiliza para crear mundos procedurales en los juegos. En títulos como Minecraft o No Man's Sky, la IA genera automáticamente mundos vastos y únicos para cada jugador, asegurando que ninguna partida sea igual a otra.

Ventajas de la IA en el Gaming

El uso de la IA en los videojuegos ha traído una serie de beneficios significativos:

Experiencias de juego más realistas: Los NPC inteligentes y las dinámicas de juego basadas en IA hacen que el entorno de juego sea más vivo y creíble.

Mayor rejugabilidad: La IA que se adapta al jugador ofrece desafíos nuevos y aumenta la longevidad del juego.

Gameplay personalizado: Los juegos basados en IA brindan experiencias únicas y a medida para cada jugador, mejorando la interacción y la inmersión.

Desde los NPC inteligentes hasta los juegos que se adaptan al comportamiento del jugador, la IA ha mejorado la experiencia de juego, haciéndola más dinámica y personalizada. A medida que la tecnología avanza, podemos esperar juegos aún más sofisticados, donde la IA seguirá desempeñando un papel fundamental.

CAPÍTULO 7: Desafíos Éticos y Sociales de la IA

En este capítulo quiero abordar algunos de los desafíos éticos más relevantes relacionados con la inteligencia artificial, pero sin el objetivo de dar respuestas definitivas. La ética es subjetiva y es imposible encontrar una respuesta única para cada uno de nosotros. Lo que quiero hacer aquí es presentar algunas preguntas y dilemas reales, dejando que tú reflexiones y te formes una opinión sin influencias externas.

¿Quién te dice que no soy yo mismo una IA diseñada para hacerte pensar de una manera específica?

Bromas aparte, este capítulo es una oportunidad para explorar las implicaciones éticas de la IA, desde cuestiones de privacidad hasta el trabajo, pasando por el control de la información.

PRIVACIDAD Y SEGURIDAD DE LOS DATOS

La inteligencia artificial (IA) ha traído enormes beneficios en muchos sectores, pero uno de los desafíos más importantes se refiere a la privacidad y seguridad de los datos. La IA, para funcionar de manera efectiva, necesita enormes cantidades de datos, muchos de los cuales pueden ser información personal y sensible. Esta dependencia de los datos genera preocupaciones sobre cómo se recopilan, almacenan y utilizan, especialmente en contextos donde el control y la vigilancia pueden volverse demasiado invasivos.

Gestión de los Datos Personales

Los algoritmos de IA están diseñados para analizar y aprender de grandes conjuntos de datos, a menudo constituidos por información personal como actividades en línea, preferencias de consumo, hábitos de gasto, e incluso datos biométricos como huellas dactilares y reconocimiento facial. Estos datos se utilizan para mejorar los servicios, personalizar las experiencias de los usuarios y hacer predicciones más precisas. Sin embargo, esto crea un problema significativo: ¿cuánto estamos dispuestos a sacrificar nuestra privacidad a cambio de una mayor comodidad?

Ejemplo: Cuando una aplicación de fitness recopila datos sobre nuestros movimientos y condiciones físicas, generalmente estamos de acuerdo porque nos ofrece un servicio útil. Pero, ¿qué sucede con esos datos una vez que se recopilan? ¿Pueden compartirse con terceros sin nuestro consentimiento explícito? Este es uno de los principales puntos débiles en la gestión de los datos por parte de las IA.

Cuestión Ambiental

El impacto ambiental relacionado con la inteligencia artificial (IA) se ha convertido en un tema de creciente importancia, ya que el desarrollo y uso de la IA requieren una cantidad significativa de recursos energéticos. El entrenamiento y ejecución de modelos de inteligencia artificial a gran escala, en particular los basados en redes neuronales profundas (Deep Learning), tienen un impacto ambiental considerable, principalmente debido al elevado consumo energético necesario para realizar estos cálculos.

1. Alto Consumo Energético

   El entrenamiento de modelos de IA requiere grandes cantidades de potencia de cálculo, a menudo soportada por GPU, TPU y grandes servidores. Cada fase del entrenamiento puede durar días o semanas, con un uso constante de energía.

   • Modelos de gran tamaño como los que sustentan ChatGPT o los modelos de lenguaje como GPT-3 requieren millones de parámetros para entrenarse y actualizarse. Según algunas estimaciones, el entrenamiento de un gran modelo de deep learning puede consumir la misma cantidad de energía que una familia promedio estadounidense en un año.

2. Emisiones de Carbono

   Además del consumo energético, muchos de los recursos necesarios para alimentar los centros de datos y servidores que alojan los modelos de IA provienen de fuentes no renovables, como el carbón y el gas natural. Esto contribuye a las emisiones de CO_2, agravando la crisis climática.

   • Por ejemplo, un estudio de 2019 estimó que el entrenamiento de un solo gran modelo de deep learning produjo más de 284 toneladas de CO_2, equivalente a las emisiones generadas por unos 5 automóviles a lo largo de su vida útil.

3. Centros de Datos y Refrigeración

   Los centros de datos, que albergan los servidores utilizados para entrenar y operar los modelos de IA, requieren grandes cantidades de energía no solo para los cálculos, sino también para la refrigeración. El sobrecalentamiento es un problema grave, y muchos centros de datos utilizan sistemas avanzados de refrigeración, lo que aumenta aún más el consumo energético.

• Algunos grandes proveedores de servicios en la nube, como Google y Microsoft, están tratando de reducir este impacto utilizando fuentes de energía renovable para alimentar sus centros de datos, aunque la demanda de energía sigue creciendo.

4. Impacto de los Dispositivos

Además de los servidores y centros de datos, la IA está integrada en una amplia gama de dispositivos inteligentes (smartphones, asistentes virtuales, coches autónomos), que contribuyen al impacto ambiental durante su producción y uso.

• Por ejemplo, la adopción generalizada de asistentes virtuales como Amazon Alexa o Google Assistant implica un uso constante de recursos en la nube para procesar comandos de voz y proporcionar respuestas, aumentando la carga en los centros de datos.

5. Modelos más Eficientes

Afortunadamente, la comunidad científica y las empresas tecnológicas están trabajando para reducir el impacto ambiental de la IA. Algunos de los enfoques incluyen:

• Eficiencia de los algoritmos: Los investigadores están desarrollando algoritmos de machine learning y deep learning más eficientes desde el punto de vista energético, que requieren menos potencia de cálculo para obtener resultados similares.

• Modelos más pequeños: En lugar de utilizar modelos enormes de deep learning, el uso de modelos más pequeños, más eficientes y optimizados para tareas específicas puede reducir el consumo energético.

• Cuantificación y poda: Técnicas que reducen la complejidad de los modelos de IA sin comprometer el rendimiento, disminuyendo la carga computacional y el consumo de energía.

6. Transición hacia Energías Renovables

   Muchos de los grandes proveedores de IA y servicios en la nube, como Amazon Web Services, Google Cloud y Microsoft Azure, están invirtiendo en fuentes de energía renovable para alimentar sus centros de datos. El objetivo es reducir la huella de carbono y hacer que la IA sea más sostenible desde el punto de vista ambiental.

   • Google, por ejemplo, se ha comprometido a alcanzar el 100% de energía renovable para todos sus centros de datos. Este es un paso importante hacia la reducción del impacto ambiental, aunque el consumo total de energía sigue aumentando.

7. Reciclaje y Eliminación de Dispositivos

   Otro aspecto importante del impacto ambiental de la IA tiene que ver con la producción y eliminación de dispositivos electrónicos. Muchos dispositivos basados en IA, como smartphones, altavoces inteligentes y otros dispositivos IoT, tienen un ciclo de vida relativamente corto y generan desechos electrónicos (e-waste).

- Una solución para reducir este impacto es promover el reciclaje de dispositivos electrónicos y mejorar los procesos de fabricación para hacer que estos dispositivos sean más duraderos y fáciles de reparar.

La IA ofrece oportunidades extraordinarias, pero también tiene un coste ambiental significativo. El creciente uso de energía para entrenar y operar grandes modelos de IA y el papel de los centros de datos representan desafíos que deben abordarse para garantizar que la IA sea sostenible a largo plazo. Afortunadamente, la industria está avanzando para hacer que la IA sea más eficiente desde el punto de vista energético y para adoptar soluciones basadas en energías renovables. Sin embargo, es fundamental que estos esfuerzos continúen creciendo para equilibrar la innovación tecnológica con la responsabilidad ambiental.

Riesgos de Vigilancia

Uno de los riesgos más preocupantes es el creciente uso de tecnologías de IA para la vigilancia, en particular el reconocimiento facial. Esta tecnología permite identificar a una persona analizando su rostro y comparándolo con una base de datos de imágenes. En muchos países, el reconocimiento facial ya se utiliza en lugares públicos como aeropuertos, estaciones y plazas, con el objetivo de garantizar la seguridad y prevenir el crimen.

Sin embargo, hay un lado oscuro. La vigilancia masiva mediante reconocimiento facial puede violar el derecho a la privacidad de las personas. En China, por ejemplo, el reconocimiento facial se utiliza para monitorear los movimientos de los ciudadanos y aplicar un sistema de crédito social, en el cual comportamientos "no conformes" pueden tener consecuencias negativas, como la prohibición de acceder a servicios públicos o la imposibilidad de obtener un préstamo. Esto plantea serias preocupaciones sobre el control gubernamental y la libertad personal.

Ejemplo: En muchos países occidentales, el reconocimiento facial se ha probado durante eventos deportivos o manifestaciones para identificar sospechosos o prevenir delitos. Pero la falta de regulaciones adecuadas significa que esta tecnología puede utilizarse para otros fines, como el monitoreo de personas inocentes, poniendo en peligro su privacidad.

Seguridad de los Datos
Otro aspecto crítico es la seguridad de los datos. Las tecnologías basadas en IA recopilan enormes cantidades de datos, lo que las convierte en un objetivo atractivo para los cibercriminales. Los ataques informáticos dirigidos al robo de datos personales, financieros o médicos están en aumento, y las empresas que gestionan estos datos no siempre implementan medidas de seguridad adecuadas.

Ejemplo: Si un banco utiliza IA para analizar los hábitos de gasto y optimizar los servicios financieros, los datos de los clientes deben estar protegidos con mucho cuidado. Sin embargo, si estos datos se ven comprometidos debido a una brecha de seguridad, el daño para el cliente puede ser enorme, causando no solo pérdidas financieras, sino también daños a la reputación y la confianza en la empresa.

Regulación y Conciencia
A nivel global, muchos gobiernos están tratando de desarrollar regulaciones

para proteger la privacidad de los ciudadanos en la era de la IA. El Reglamento General de Protección de Datos (GDPR) de la Unión Europea es uno de los ejemplos más conocidos, ya que impone estrictos límites sobre cómo las empresas pueden recopilar y utilizar los datos personales.

A pesar de esto, la tecnología avanza mucho más rápido que las leyes, y muchas áreas permanecen poco claras. Por ejemplo, en los Estados Unidos, las regulaciones varían significativamente de un estado a otro, lo que dificulta que los ciudadanos sepan cómo se manejan sus datos.

La privacidad y la seguridad de los datos en la era de la inteligencia artificial son cuestiones fundamentales que requieren una atención constante. La IA ofrece enormes beneficios, pero los riesgos asociados con la gestión de datos personales y la vigilancia son igualmente grandes. Es importante encontrar un equilibrio entre el progreso tecnológico y la protección de los derechos individuales, regulando adecuadamente el uso de los datos y concienciando a los ciudadanos sobre los posibles riesgos relacionados con la IA.

Desafíos Éticos y Sociales de la IA

Uno de los mayores riesgos relacionados con la inteligencia artificial es la posibilidad de que los algoritmos perpetúen o amplifiquen prejuicios ya presentes en la sociedad. Aunque la IA a menudo se percibe como neutral, muchos sistemas de machine learning están entrenados con datos históricos que reflejan sesgos raciales, de género o de clase. Estos sesgos pueden influir significativamente en las decisiones tomadas por los algoritmos, lo que lleva a discriminaciones en varios sectores.

Sesgo de Género en los Sistemas de Reclutamiento

Un ejemplo significativo ocurrió con un sistema de reclutamiento basado en IA desarrollado por HireVue, una plataforma de entrevistas en video que utiliza inteligencia artificial para analizar expresiones faciales, tono de voz y lenguaje corporal de los candidatos. El algoritmo estaba diseñado para evaluar y clasificar a los candidatos según estas señales, pero surgieron problemas de sesgo.

Los algoritmos de HireVue fueron criticados por el riesgo de perpetuar prejuicios de género y raciales, ya que los modelos fueron entrenados con datos que reflejan estereotipos existentes. Por ejemplo, candidatos que no respetan ciertos estándares culturales relacionados con el lenguaje corporal o el tono de voz pueden ser penalizados, independientemente de sus competencias. Esto puede crear discriminación hacia personas de minorías o culturas diferentes, que podrían tener un estilo de comunicación distinto al de la mayoría dominante. La empresa respondió a las críticas afirmando que había tomado medidas para reducir los sesgos, pero las preocupaciones sobre la equidad del sistema persistieron.

Prejuicios Raciales en el Reconocimiento Facial

Otro ejemplo emblemático de sesgo ha surgido en los sistemas de reconocimiento facial. Estudios realizados por el MIT y la Universidad de Stanford han demostrado que muchas tecnologías de reconocimiento facial muestran tasas de error significativamente más altas cuando intentan identificar a personas de color en comparación con individuos de piel clara. En particular, las mujeres negras resultan ser el grupo más afectado, con tasas de error mucho más altas que los hombres blancos.

Este problema se origina en el hecho de que los algoritmos de reconocimiento facial se entrenan con conjuntos de datos desequilibrados, compuestos principalmente por imágenes de personas blancas. Cuando se aplican en contextos reales, estos sistemas corren el riesgo de amplificar las desigualdades raciales, especialmente si se utilizan en aplicaciones de seguridad o vigilancia pública.

En Estados Unidos, ha habido casos en los que personas negras han sido arrestadas injustamente debido a errores en el reconocimiento facial. Estos casos ponen de manifiesto cómo la discriminación racial puede ser inconscientemente perpetuada y amplificada por algoritmos aparentemente neutrales.

Sesgo en los Sistemas Financieros

En el sector financiero, la IA también puede introducir sesgos. Por ejemplo, los modelos de scoring crediticio utilizados por los bancos para evaluar la solvencia de los clientes pueden verse influenciados por datos históricos que reflejan prejuicios socioeconómicos o raciales. Si una persona proviene de un barrio históricamente desfavorecido, podría recibir una puntuación crediticia más baja debido a correlaciones injustificadas en los datos, incluso si tiene ingresos estables o siempre ha pagado puntualmente.

Un ejemplo práctico surgió con el sistema de puntuación de Apple Card, desarrollado por Apple en colaboración con Goldman Sachs. Varios usuarios informaron que, en igualdad de condiciones, las mujeres recibían límites de crédito significativamente más bajos que los hombres. Este problema fue destacado por personalidades públicas, incluido Steve Wozniak, cofundador de Apple, quien señaló que su esposa recibió un límite de crédito mucho más bajo que el suyo, a pesar de que ambos tenían condiciones financieras similares.

En este caso, el sesgo de género estaba incorporado en el algoritmo de evaluación de crédito, lo que llevó a un trato injusto para muchos solicitantes. Aunque Apple y Goldman Sachs afirmaron no discriminar por género, el problema evidenció cómo los prejuicios en los datos históricos pueden transmitirse a los algoritmos, provocando discriminaciones reales.

El Problema de Raíz

El problema fundamental radica en que los algoritmos de IA aprenden de datos históricos. Si los datos contienen prejuicios, el algoritmo simplemente los reproduce. Estos sistemas no pueden distinguir entre correlaciones legítimas y prejuicios ocultos, lo que puede llevar a decisiones discriminatorias en contextos críticos como el trabajo, las finanzas y la seguridad pública.

La falta de transparencia en los algoritmos, a menudo descritos como "cajas negras", complica aún más el problema, dificultando la identificación y corrección de los sesgos presentes en los modelos de IA.

TRANSPARENCIA DE LOS ALGORITMOS

Uno de los temas centrales en el debate sobre la inteligencia artificial es la transparencia de los algoritmos, es decir, la capacidad de comprender cómo un algoritmo llega a una determinada decisión. Este problema se vuelve particularmente relevante con el uso de algoritmos complejos, como los de deep learning, a menudo descritos, como se mencionó anteriormente, como "cajas negras", porque incluso para los expertos es difícil entender cómo se toman las decisiones.

Los algoritmos de deep learning, por ejemplo, utilizan redes neuronales profundas que simulan el funcionamiento del cerebro humano para reconocer patrones y hacer predicciones. Sin embargo, el proceso interno que lleva a una decisión determinada suele ser poco transparente. En muchos casos, ni siquiera los propios desarrolladores pueden explicar exactamente por qué el algoritmo tomó una decisión específica, ya que las redes neuronales funcionan procesando miles o millones de parámetros de forma no lineal.

La "Caja Negra" del Deep Learning

El término "caja negra" se refiere a la naturaleza opaca de los algoritmos de IA, especialmente cuando se trata de tecnologías avanzadas como el deep learning. Estos algoritmos aprenden de manera autónoma a partir de los datos, y cuanto más complejo se vuelve el modelo, más difícil es para los humanos rastrear el proceso de toma de decisiones.

Un ejemplo práctico se encuentra en el sector sanitario, donde los algoritmos de IA se utilizan para analizar datos médicos y hacer diagnósticos. Aunque los modelos de deep learning pueden ser extremadamente eficaces en el reconocimiento de enfermedades, como en el caso de la detección precoz del cáncer de mama mediante imágenes médicas, la falta de transparencia puede representar un obstáculo significativo. Si un médico no puede explicar cómo el algoritmo determinó que un paciente tiene una enfermedad, es difícil para él tomar decisiones basadas en tales recomendaciones. Esto puede llevar a una pérdida de confianza en el sistema.

En algunos casos, la falta de transparencia puede tener consecuencias legales. Por ejemplo, en Estados Unidos, se han planteado dudas sobre el uso de algoritmos predictivos en el sistema judicial, donde la IA se utiliza para hacer evaluaciones sobre el riesgo de reincidencia de los criminales. Los algoritmos opacos que sugieren decisiones de libertad condicional o sentencias pueden plantear preocupaciones relacionadas con la justicia y la discriminación, especialmente si no se puede entender en qué se basan tales decisiones.

¿Por Qué Es Importante la Transparencia?

La transparencia de los algoritmos es crucial por varias razones. En primer lugar, aumenta la confianza de los usuarios y consumidores. Si las personas entienden cómo funciona la IA y en qué se basan las decisiones, estarán más inclinadas a aceptarlas y confiar en ellas. La transparencia también ayuda a identificar posibles errores o sesgos en los algoritmos, lo que permite a los desarrolladores corregir los problemas antes de que causen daños reales.

Además, la transparencia es esencial para una responsabilidad ética. Si un algoritmo toma una decisión equivocada o injusta, ¿cómo se puede determinar la responsabilidad si no se sabe cómo se tomó esa decisión? Esto es particularmente importante en sectores como la salud, las finanzas o el sistema legal, donde las decisiones basadas en IA pueden tener un impacto significativo en la vida de las personas.

Hacia una Mayor Transparencia

Para resolver este problema, los expertos en IA están desarrollando herramientas para mejorar la explicabilidad de los algoritmos, a menudo denominada "IA explicable" (XAI, por sus siglas en inglés). Estos enfoques buscan hacer más claros los procesos internos de toma de decisiones de la IA, sin comprometer la efectividad del sistema. El objetivo es crear modelos de IA que no solo sean poderosos y precisos, sino también comprensibles y verificables por los seres humanos.

Aumentar la transparencia en los algoritmos de IA es fundamental para garantizar un uso ético y responsable de la tecnología, especialmente en sectores que requieren una gran fiabilidad y responsabilidad social.

OCUPACIÓN Y AUTOMATIZACIÓN

La inteligencia artificial (IA) y la automatización están transformando el mundo laboral de manera significativa, creando nuevas oportunidades pero también importantes desafíos. Si bien la automatización promete aumentar la eficiencia y la productividad, también genera preocupaciones sobre el empleo, ya que muchos trabajadores temen ser reemplazados por máquinas o algoritmos. Esta dinámica ha abierto un extenso debate sobre el impacto que tendrá la automatización en varios sectores y sobre el tipo de habilidades que serán necesarias en el futuro.

Sectores en Riesgo

Uno de los aspectos principales de la automatización es su capacidad para sustituir actividades repetitivas y predecibles, especialmente en los sectores industriales y manufactureros. La creciente adopción de robots industriales y tecnologías basadas en IA ya ha comenzado a transformar profundamente los métodos de producción.

- **Manufactura**: La industria manufacturera es probablemente el sector más afectado por la automatización. Procesos que anteriormente requerían intervención humana, como el ensamblaje, el control de calidad o la logística, ahora son cada vez más gestionados por robots inteligentes. Por ejemplo, en las fábricas de automóviles, los robots pueden ensamblar vehículos con una precisión milimétrica, reduciendo errores y costos. El resultado es una disminución de la demanda de operarios calificados en estas áreas, pero un aumento de técnicos especializados en el mantenimiento y la gestión de los robots.

- **Logística y almacenes**: La automatización también ha tenido un gran impacto en el sector de la logística y la gestión de almacenes. Empresas como Amazon utilizan robots para mover mercancías dentro de sus almacenes, acelerando los tiempos de entrega y reduciendo los costos laborales. Sin embargo, esto ha generado preocupaciones sobre cómo la automatización puede reemplazar empleos de baja calificación, como los de operarios de almacén y trabajadores de manejo de mercancías.

- **Servicios financieros**: La automatización también está revolucionando el sector de los servicios financieros. Tareas que tradicionalmente realizaban analistas financieros o empleados bancarios, como la tramitación de préstamos o la gestión de transacciones, ahora son cada vez más gestionadas por algoritmos de IA, capaces de procesar datos de manera más rápida y precisa. Esto ha reducido la demanda de profesionales en tareas repetitivas y ha llevado a una reconsideración del papel humano en las instituciones financieras.

- **Atención al cliente**: El campo del servicio al cliente también está siendo influenciado por la automatización, con la introducción de chatbots y asistentes virtuales que gestionan las solicitudes básicas de los clientes. Estos sistemas, basados en algoritmos de procesamiento del lenguaje natural (NLP), pueden resolver problemas simples sin intervención humana. Esto reduce la necesidad de personal humano para tareas de primer nivel, pero crea la necesidad de habilidades más avanzadas para manejar casos complejos o desarrollar y mantener estas tecnologías.

El impacto de la Automatización en el Trabajo Calificado

A pesar de las preocupaciones sobre la pérdida de empleos debido a la automatización, no todos los sectores y profesiones corren el mismo riesgo. Tareas que requieren creatividad, pensamiento crítico e interacción humana compleja son mucho más difíciles de automatizar. Profesiones en los campos de la salud, la educación, la investigación y la creación artística siguen estando en gran medida dominadas por la intervención humana, aunque la IA puede ofrecer apoyo en diversas actividades.

- **Salud**: En el sector sanitario, la automatización se utiliza para mejorar el diagnóstico y los tratamientos, pero la presencia humana sigue siendo fundamental. Los algoritmos de IA pueden ayudar a los médicos a interpretar imágenes médicas o predecir la respuesta de los pacientes a determinados tratamientos, pero las competencias humanas en la interacción directa con los pacientes y en la decisión final son insustituibles.

- **Ingeniería y tecnología**: La automatización misma está creando nuevas oportunidades laborales en el sector tecnológico. El desarrollo, la programación y el mantenimiento de sistemas automatizados requieren habilidades altamente especializadas. La creciente adopción de IA en las empresas aumenta la demanda de ingenieros de software, científicos de datos y expertos en inteligencia artificial. Además, figuras como los expertos en ciberseguridad son cada vez más solicitados para garantizar la seguridad de los sistemas automatizados.

Nuevas Oportunidades Creadas por la Automatización

Si bien algunos sectores corren el riesgo de perder puestos de trabajo debido a la automatización, están surgiendo otros en los que la IA crea nuevas oportunidades. Uno de los principales efectos de la automatización es la creación de profesiones que requieren nuevas habilidades y que no existían hasta hace pocos años.

- **Mantenimiento y gestión de sistemas automatizados**: Con el aumento del uso de robots y algoritmos en las industrias, también aumenta la demanda de personal calificado que pueda mantener y optimizar estos sistemas. El mantenimiento de robots industriales o la gestión de algoritmos de aprendizaje automático requieren un nivel de especialización y formación que crea nuevas oportunidades laborales para técnicos e ingenieros.

- **Formación y recualificación**: Otra área que ofrece nuevas oportunidades es la de la formación y recualificación. A medida que el mercado laboral evoluciona a raíz de la automatización, crece la necesidad de formar a los trabajadores en nuevas tecnologías y competencias. Las empresas están invirtiendo cada vez más en programas de formación para preparar a sus empleados a trabajar con sistemas automatizados e IA.

- **Creatividad e innovación**: Incluso en sectores aparentemente alejados de la tecnología, como el arte, la música o la escritura, la automatización está creando nuevas oportunidades. Los algoritmos de IA se utilizan para generar arte, música y contenidos digitales. Aunque la IA no puede reemplazar completamente la creatividad humana, puede proporcionar herramientas útiles para mejorar el proceso creativo.

La Importancia de la Recualificación

Un factor clave para enfrentar los desafíos de la automatización es la recualificación de la fuerza laboral. Mientras que algunos trabajos corren el riesgo de desaparecer, otros están surgiendo, pero requieren competencias muy diferentes. Es fundamental que los gobiernos y las empresas inviertan en programas de formación para preparar a los trabajadores para manejar las nuevas tecnologías. Esto puede reducir el impacto negativo de la automatización sobre el empleo y garantizar una transición más fluida hacia una economía basada en la tecnología.

En conclusión, la automatización está redefiniendo el panorama laboral, creando tanto riesgos como oportunidades. Los trabajos repetitivos y manuales son los más expuestos al riesgo de desaparecer, mientras que están surgiendo nuevas figuras profesionales relacionadas con la gestión, el mantenimiento y el desarrollo de tecnologías automatizadas. Sin embargo, es esencial promover la formación continua para garantizar que los trabajadores puedan adaptarse y prosperar en este nuevo entorno laboral.

GOBERNANZA Y REGULACIÓN

Con la rápida difusión de la inteligencia artificial (IA) en varios sectores de la sociedad, ha surgido la necesidad creciente de definir normas y reglas para garantizar un uso ético, seguro y transparente de estas tecnologías. La regulación de la IA se ha convertido en una prioridad para muchos gobiernos y organizaciones internacionales, que buscan equilibrar la innovación tecnológica con la protección de los derechos individuales, la seguridad y la justicia social. Varios ejemplos, como el Reglamento General de Protección de Datos (GDPR) en Europa y las directrices de la ONU, representan intentos concretos para abordar estos desafíos.

GDPR: El modelo europeo
La Unión Europea fue una de las primeras entidades en implementar una regulación sólida para el uso de datos y, de forma indirecta, de la IA, a través del Reglamento General de Protección de Datos (GDPR), que entró en vigor en 2018. Aunque el GDPR está principalmente enfocado en la protección de datos

personales, tiene implicaciones profundas para el desarrollo y el uso de la IA, ya que muchos sistemas de inteligencia artificial se basan en grandes cantidades de datos personales.

Uno de los puntos centrales del GDPR es el derecho a la transparencia, que exige que los ciudadanos sean informados sobre cómo se utilizan sus datos y tengan la posibilidad de acceder, corregir o eliminar dicha información. Este principio impone un desafío a los desarrolladores de IA, ya que muchos algoritmos de aprendizaje automático y aprendizaje profundo operan como "cajas negras", donde el proceso de toma de decisiones interno no es fácilmente comprensible. El GDPR exige que las decisiones automatizadas, como aquellas tomadas por un algoritmo de IA, deben ser explicables y transparentes, lo que impulsa a las empresas a desarrollar sistemas de IA explicable ("explainable AI") para cumplir con estos requisitos.

Otro aspecto relevante del GDPR se refiere a la protección contra la elaboración de perfiles automatizados. Los ciudadanos tienen derecho a no estar sujetos a decisiones basadas exclusivamente en procesos automatizados, incluidos aquellos que utilizan IA, si tales decisiones tienen un impacto significativo en sus vidas, como la aprobación de un préstamo o la selección para un empleo. Esto ha llevado a muchas empresas a reconsiderar el uso de la IA en procesos críticos, garantizando una supervisión humana en los puntos más sensibles.

Directrices de la ONU

Las Naciones Unidas también han reconocido el creciente impacto de la IA y han publicado directrices para el uso responsable de estas tecnologías. El objetivo de la ONU es garantizar que la IA se desarrolle y utilice de manera que respete los derechos humanos y promueva el desarrollo sostenible.

Una de las principales preocupaciones de la ONU es el impacto de la IA en el empleo y los derechos sociales. Las directrices subrayan la importancia de evitar que la automatización y la IA aumenten las desigualdades sociales y económicas. Se anima a los Estados miembros a invertir en programas de recualificación para los trabajadores afectados por la automatización y a desarrollar políticas para garantizar que la IA se utilice para el bienestar colectivo.

Además, la ONU ha expresado preocupaciones sobre el uso de tecnologías de vigilancia basadas en IA, como el reconocimiento facial, que pueden ser utilizadas para violar el derecho a la privacidad y la libertad de expresión. Las directrices piden un mayor control democrático y supervisión sobre el uso de dichas tecnologías, en particular por parte de gobiernos y autoridades públicas.

Propuestas para una regulación de la IA

Fuera del GDPR y las directrices de la ONU, varios países están introduciendo normativas para regular la IA y reducir los riesgos asociados con su uso. Por ejemplo, la Unión Europea está trabajando en un Reglamento de Inteligencia Artificial, que clasificaría los sistemas de IA según su nivel de riesgo e impondría reglas más estrictas para las aplicaciones de alto riesgo, como aquellas utilizadas en salud, transporte y fuerzas del orden.

Las propuestas de la UE incluyen la obligación para las empresas de realizar una evaluación de riesgos antes de implementar sistemas de IA, con el objetivo de garantizar que sean seguros, justos y transparentes. Las empresas que desarrollen sistemas de IA de alto riesgo también deberán demostrar que sus modelos están libres de sesgos y que respetan los derechos fundamentales de los ciudadanos.

Mientras tanto, en los Estados Unidos, la regulación de la IA aún está en una fase inicial, pero varias comisiones están evaluando la implementación de normas similares a las europeas. En 2021, el Instituto Nacional de Estándares y Tecnología (NIST, por sus siglas en inglés) publicó un documento que define las directrices para la gestión de riesgos en el uso de la IA, instando a las empresas a ser más transparentes y responsables en la implementación de estos sistemas.

Desafíos y oportunidades de la regulación

La regulación de la IA presenta importantes desafíos. Uno de los principales obstáculos es encontrar un equilibrio entre promover la innovación y garantizar un uso seguro y equitativo de la tecnología. Reglas demasiado estrictas podrían frenar el progreso tecnológico, mientras que una regulación demasiado permisiva podría generar consecuencias negativas, como discriminación, violaciones de la privacidad o uso indebido de la tecnología.

Otro desafío es la cooperación internacional. La IA es una tecnología global y requiere coordinación internacional para evitar conflictos regulatorios entre diferentes países. Sin embargo, la aparición de regulaciones como el GDPR y las propuestas de las Naciones Unidas marcan un paso importante hacia una gobernanza más ética y responsable de la IA, con el objetivo de proteger los derechos humanos y garantizar que la tecnología se utilice para el bien común.

Como hemos visto, los temas y desafíos relacionados con la inteligencia artificial son numerosos, delicados y se desarrollan en varios niveles. Desde problemas de privacidad y transparencia hasta impactos en el empleo y la necesidad de una regulación efectiva, la IA plantea desafíos complejos que requieren una reflexión cuidadosa. Sin embargo, es importante recordar que estamos hablando de una tecnología nueva, poderosa y en rápida evolución. Es normal que existan cuestiones aún por resolver, especialmente en un contexto donde los cambios ocurren a una velocidad sin precedentes.

En un mundo que cambia tan rápidamente, la información y la conciencia se vuelven fundamentales. Por eso, la importancia de libros como este radica en ofrecer una oportunidad de comprensión más profunda, permitiéndonos navegar con mayor claridad los desafíos y oportunidades que la inteligencia artificial traerá a nuestras vidas.

De manera similar a lo anterior, en el próximo capítulo abordaremos un dilema ético/creativo, un tema que hasta hace pocos años parecía inimaginable: el papel de la IA en la creatividad. Un dilema que nos obliga a replantearnos una de las certezas que siempre hemos tenido. Hasta hoy, la creatividad se consideraba la cualidad que más distingue al ser humano de las máquinas, esa capacidad única de imaginar, inventar y crear algo nuevo, que parecía imposible de replicar artificialmente.

Sin embargo, con los avances en inteligencia artificial, nos encontramos ante un nuevo paradigma. La IA está entrando cada vez más en los campos de la música, la pintura, la escritura y muchas otras formas de expresión artística, generando obras e ideas de maneras que nos hacen cuestionar si realmente la creatividad es una exclusividad humana. Es una cuestión que nunca pensamos que tendríamos que enfrentar, pero que hoy se vuelve inevitable: las máquinas no solo pueden imitar, sino que también parecen capaces de crear.

Dicho esto, no debemos partir de la premisa de que la IA es necesariamente una amenaza o algo negativo para la creatividad humana. Como suele suceder con las nuevas tecnologías, la clave está en cómo la utilizamos. En este capítulo no estamos analizando el fenómeno solo para identificar los riesgos, sino también para comprender las oportunidades que puede crear. La IA puede ampliar nuestros horizontes creativos, ofreciendo herramientas innovadoras y posibilidades que enriquecen y potencian el arte y la cultura.

CAPÍTULO 8: IA y Creatividad

IA en la Música

Uno de los campos creativos donde la inteligencia artificial (IA) está mostrando resultados sorprendentes es la música. En el pasado, la composición musical se consideraba una de las expresiones más puras del arte humano, basada en la emoción, la creatividad y la interpretación. Sin embargo, la IA ha comenzado a desempeñar un papel importante en este ámbito, demostrando que puede componer piezas musicales de manera autónoma en función de entradas específicas proporcionadas por los usuarios. Un excelente ejemplo de esta capacidad es AIVA (Artificial Intelligence Virtual Artist), una de las IA más avanzadas en el campo de la música.

Cómo Funciona AIVA

AIVA es una inteligencia artificial especializada en la composición musical. Desarrollada por la startup AIVA Technologies, esta IA ha sido entrenada en un vasto corpus de obras clásicas y modernas, comprendiendo las estructuras musicales de compositores como Beethoven, Mozart y Bach. Utilizando algoritmos de deep learning, AIVA puede analizar miles de partituras e identificar patrones musicales, armonías y progresiones de acordes, que luego utiliza para crear nuevas composiciones.

El funcionamiento de AIVA se basa en la interacción con entradas específicas proporcionadas por los usuarios. Por ejemplo, un compositor o productor musical puede indicar un género musical, un estilo o una emoción específica que desee evocar, y AIVA procesará estos parámetros para generar una pieza musical acorde con dichas indicaciones. La flexibilidad de AIVA le permite trabajar en varios géneros musicales, desde música clásica hasta electrónica, jazz e incluso bandas sonoras cinematográficas.

Creación de Bandas Sonoras

Uno de los campos más prometedores para el uso de IA como AIVA es la creación de bandas sonoras para películas, videojuegos y publicidad. La composición de bandas sonoras requiere crear atmósferas que acompañen imágenes o narrativas, manteniendo un ritmo emocional coherente con la acción. AIVA puede producir estas composiciones rápidamente y con un alto grado de personalización. Basta con indicar el tono del proyecto (épico, romántico, dramático, etc.), la duración de la pieza y otros parámetros específicos, y la IA puede producir una banda sonora adecuada.

En algunos casos, AIVA se utiliza como herramienta de apoyo para compositores humanos. Por ejemplo, un compositor puede usar la IA para generar ideas o borradores musicales, que luego pueden ser modificados y perfeccionados por una mano humana. Esto permite acelerar el proceso creativo, ofreciendo nuevas fuentes de inspiración.

Una Nueva Herramienta para los Compositores

Aunque AIVA puede componer música de manera autónoma, es importante considerarla más como una herramienta que como un sustituto completo del compositor humano. La IA es capaz de generar música basada en modelos existentes y reglas musicales aprendidas, pero no es capaz de comprender la emoción humana en su totalidad o de crear de manera intuitiva como lo haría un músico humano.

Por ejemplo, mientras que AIVA puede analizar y reproducir los esquemas de la música clásica, carece de la sensibilidad artística que lleva a un compositor a tomar decisiones inesperadas o a romper las reglas musicales para expresar una emoción o concepto particular. Sin embargo, la capacidad de la IA para explorar combinaciones musicales que un ser humano podría no considerar de inmediato puede verse como una fuente de inspiración creativa.

Muchos compositores ya han comenzado a ver la IA como un colaborador que puede sugerir ideas nuevas y frescas, y no como una amenaza para su trabajo. Gracias a AIVA, un músico puede explorar estilos o combinaciones armónicas que de otro modo no habría considerado. Esto abre el camino a una nueva forma de creatividad colaborativa, en la que el hombre y la máquina trabajan juntos para explorar nuevos territorios musicales.

El Futuro de la Música con IA
La inteligencia artificial en el campo de la música no se limita a la composición clásica. AIVA es solo uno de los muchos ejemplos de IA capaces de generar música, pero el futuro promete el desarrollo de nuevas formas de expresión musical que podrían combinar el elemento humano y el artificial de maneras aún inexploradas.

Además de la composición, la IA está adquiriendo mayor importancia en la producción musical, donde algoritmos inteligentes pueden ayudar a optimizar mezclas, sugerir variaciones melódicas o incluso "entrenar" a artistas para mejorar su técnica. En este sentido, la IA puede ampliar las capacidades creativas del artista humano, empujando los límites de lo que es posible en el ámbito musical.

En el futuro cercano, podríamos ver IA que no solo componga, sino que improvise junto a músicos humanos durante presentaciones en vivo, creando una interacción entre el hombre y la máquina que podría enriquecer aún más la música moderna.

La IA en la música representa una revolución silenciosa, ofreciendo tanto nuevos desafíos como increíbles oportunidades creativas.

IA EN LAS ARTES VISUALES

La inteligencia artificial está revolucionando también el mundo de las artes visuales, abriendo nuevos caminos creativos que combinan tecnología y arte tradicional. A través del uso de algoritmos avanzados, como las Redes Generativas Antagónicas (GAN, por sus siglas en inglés), que ya mencionamos anteriormente, la IA hoy es capaz de generar obras de arte digital con un grado de complejidad y refinamiento que era inimaginable hasta hace pocos años. Un ejemplo emblemático de este fenómeno es el célebre "Retrato de Edmond de Belamy", una de las primeras obras de arte generadas íntegramente por una IA y vendida en una subasta en 2018.

El "Retrato de Edmond de Belamy"

El "Retrato de Edmond de Belamy", creado por el colectivo artístico Obvious, es una obra realizada por una inteligencia artificial entrenada para generar imágenes basadas en una serie de retratos históricos. El algoritmo analizó miles de retratos, tratando de aprender las características estilísticas de los artistas del pasado. El resultado fue una obra que, a simple vista, parece una pintura tradicional, pero presenta distorsiones particulares que la hacen inconfundiblemente diferente de aquellas creadas por un artista humano.

La venta del cuadro en una subasta por unos 432.500 dólares marcó un momento histórico en el mundo del arte, planteando nuevas preguntas sobre qué significa ser un artista en la era de la inteligencia artificial. La idea de que una máquina pueda generar una obra de arte capaz de suscitar emociones y de ser valorada según criterios artísticos tradicionales fue recibida con sorpresa y curiosidad.

Nuevas Oportunidades para los Artistas
La IA no reemplaza al artista, sino que se propone como una herramienta creativa que puede ampliar las capacidades expresivas del ser humano. Los artistas contemporáneos han comenzado a aprovechar la IA para explorar nuevos estilos y combinaciones artísticas, permitiéndoles experimentar de maneras que antes no eran posibles.

Por ejemplo, es posible entrenar un algoritmo para generar obras que combinen estilos artísticos diversos o manipular imágenes existentes para crear algo completamente nuevo. Este tipo de enfoque ofrece infinitas posibilidades de experimentación, transformando el proceso artístico en una colaboración entre el hombre y la máquina.

Cuestiones de Autoría y Originalidad
Sin embargo, la entrada de la IA en las artes visuales plantea interrogantes sobre el concepto de autoría. Si una obra es creada por un algoritmo, ¿quién es el verdadero autor? ¿El artista que configuró los parámetros y entrenó a la

IA, o la propia máquina? Este debate sigue abierto y desafía los conceptos tradicionales de originalidad y creatividad artística.

Muchos ven la IA como una nueva forma de medio artístico, que abre posibilidades inexploradas y permite al artista humano ir más allá de sus propios límites, ofreciendo una visión completamente nueva del arte.

Escritura Automatizada e IA

La inteligencia artificial está cambiando radicalmente la forma en que escribimos y creamos contenidos, incluso en un campo tan humano como la escritura. Con el surgimiento de modelos avanzados como GPT-3, desarrollado por OpenAI, la escritura automatizada ha dado grandes pasos, permitiendo a las máquinas generar artículos, cuentos y textos técnicos con un grado impresionante de coherencia y complejidad. Esta tecnología no solo está abriendo nuevas posibilidades para la creación de contenidos a gran escala, sino que también desafía el concepto de lo que significa ser autor en una era de automatización.

Cómo Funciona GPT-3

GPT-3 (Generative Pretrained Transformer 3) es un modelo de procesamiento de lenguaje natural (NLP) basado en redes neuronales que ha sido entrenado con una cantidad masiva de datos textuales provenientes de libros, artículos, páginas web y otras fuentes escritas. Con más de 175 mil millones de parámetros, GPT-3 es capaz de comprender y generar textos que no solo son gramaticalmente correctos, sino también coherentes y, en algunos casos, sorprendentemente creativos.

Cuando un usuario proporciona una entrada (por ejemplo, una frase inicial o una solicitud para desarrollar un tema específico), GPT-3 genera un texto que continúa la línea de pensamiento propuesta, a menudo logrando producir contenidos que parecen escritos por un ser humano. Este sistema ha sido utilizado en varios contextos, desde la redacción de artículos periodísticos hasta la asistencia en la escritura de cuentos y documentos técnicos.

Ejemplos Prácticos de Escritura Automatizada

Un ejemplo concreto del uso de GPT-3 se encuentra en el periodismo automatizado. Medios como The Guardian han experimentado con artículos generados por IA, donde la intervención humana se limitó a proporcionar un breve tema o una guía básica. GPT-3 es capaz de escribir un artículo completo a partir de un tema simple, analizando información y estructurando el texto de manera que resulte comprensible y lógico.

Además del periodismo, la escritura automatizada se ha utilizado para generar relatos y narrativa breve. Por ejemplo, un usuario puede pedirle a GPT-3 que escriba una historia en un estilo o género particular, y el modelo producirá un texto que siga las indicaciones proporcionadas. Aunque los resultados no siempre son perfectos, los desarrollos en este sector muestran un gran potencial para apoyar a los escritores humanos, quienes pueden usar la IA para encontrar nuevas ideas o desarrollar borradores que luego perfeccionarán.

En el ámbito de la escritura técnica, la IA puede utilizarse para automatizar la creación de documentación, como manuales de usuario o informes técnicos. Empresas de software, por ejemplo, pueden confiar en GPT-3 para generar guías técnicas basadas en los datos que la IA ha aprendido durante su fase de entrenamiento. Este proceso reduce significativamente el tiempo necesario para redactar documentos técnicos complejos y ofrece una ayuda valiosa para quienes necesitan producir grandes cantidades de texto en plazos ajustados.

Oportunidades y Límites de la Escritura Automatizada

La escritura automatizada ofrece numerosas ventajas. Para las empresas que necesitan producir contenido a gran escala, la IA representa un recurso valioso, capaz de generar textos rápidamente y a un costo reducido. Además, puede asistir a los autores humanos, ofreciendo ideas creativas o desarrollando conceptos que luego pueden ser refinados.

Sin embargo, también hay limitaciones evidentes. Aunque GPT-3 es avanzado, no comprende realmente lo que escribe. Su proceso se basa en correlaciones estadísticas entre palabras y frases en los datos de entrenamiento, lo que significa que, a veces, puede producir textos incoherentes o carentes de significado real. Además, la IA puede replicar los sesgos presentes en los datos con los que fue entrenada, generando contenidos que reflejan prejuicios raciales, de género o políticos.

Finalmente, la cuestión de la autoría se vuelve más compleja. ¿Quién es el verdadero autor de un texto generado por una IA? ¿La propia IA, quien proporcionó la entrada, o los desarrolladores del modelo? Estos dilemas abren nuevas discusiones éticas y legales en el mundo de la escritura.

El Futuro de la Escritura con IA

El futuro de la escritura automatizada es sin duda fascinante. Las herramientas basadas en IA como GPT-3 podrían convertirse en compañeros creativos para escritores y periodistas, ayudando a generar contenidos de manera más rápida y estimulante. Sin embargo, a pesar de los avances, la IA no reemplazará completamente la sensibilidad humana al crear historias con profundidad emocional y complejidad intelectual.

A medida que estas herramientas se vuelvan más accesibles, el rol de los seres humanos será cada vez más colaborar con las máquinas, aprovechando la capacidad de la IA para potenciar la creatividad, sin olvidar la importancia de la intervención humana para garantizar que los textos producidos tengan sentido y valor.

CINE Y EFECTOS VISUALES

La inteligencia artificial ha tenido un impacto significativo en el mundo del cine, especialmente en el campo de los efectos visuales (VFX). Gracias a la IA, los directores pueden ahora realizar escenas con una precisión y realismo nunca antes vistos, transformando la imaginación en imágenes que parecen reales. Entre las aplicaciones más conocidas de la IA se encuentran la creación de efectos especiales realistas y el rejuvenecimiento digital de actores (de-aging), dos tecnologías que están revolucionando la forma de hacer cine.

Creación de Efectos Especiales Realistas

La IA se utiliza ampliamente para mejorar la calidad de los efectos especiales, permitiendo crear mundos virtuales, criaturas fantásticas o escenarios complejos con un realismo impresionante. Programas avanzados de IA son capaces de analizar imágenes reales y generar efectos digitales que se mezclan perfectamente con el entorno.

Uno de los campos más avanzados es el de la animación procedimental, donde la IA crea movimientos naturales para personajes u objetos en CGI (imágenes generadas por computadora). Por ejemplo, en películas de ciencia ficción o fantasía, la IA se utiliza para generar movimientos fluidos y realistas de criaturas no humanas, replicando la física del mundo real. Estos algoritmos permiten ahorrar tiempo y recursos, haciendo que el proceso de creación de efectos visuales sea más eficiente y menos costoso.

Además, la IA se emplea para mejorar la calidad de simulaciones como el agua, el fuego o el viento, elementos que son difíciles de representar de manera realista sin una modelización compleja. Los algoritmos de machine learning pueden aprender de simulaciones pasadas y mejorar continuamente el nivel de detalle y la calidad visual.

Rejuvenecimiento Digital de Actores (De-Aging)

Una aplicación particularmente innovadora de la IA en el cine es el rejuvenecimiento digital, una técnica que permite hacer que los actores parezcan más jóvenes en la pantalla. Esta tecnología se basa en redes neuronales que son capaces de analizar imágenes o filmaciones antiguas de un actor y superponerlas sobre las tomas actuales, modificando digitalmente el rostro del actor para hacerlo parecer más joven.

Un ejemplo famoso es la película The Irishman, de Martin Scorsese, donde se utilizó IA para rejuvenecer a actores como Robert De Niro y Al Pacino. En este caso, la IA analizó miles de imágenes de los actores en su juventud y aplicó esas características a sus rostros actuales, creando un efecto extremadamente realista. Esta tecnología permite a los directores usar al mismo actor en diferentes etapas de su vida sin tener que recurrir a diferentes actores o a técnicas de maquillaje menos efectivas.

Impacto en el Futuro del Cine
El uso de la IA para crear efectos visuales y rejuvenecer actores tiene un impacto significativo en la industria cinematográfica, ofreciendo mayor libertad creativa a los directores y reduciendo las limitaciones técnicas. Gracias a estas tecnologías, es posible contar historias que antes habrían requerido presupuestos enormes o técnicas complejas, haciendo que el cine sea más accesible y espectacular.

A medida que la IA continúe evolucionando, podemos esperar efectos visuales aún más impresionantes y un uso creciente de estas tecnologías para manipular y mejorar las actuaciones de los actores, abriendo nuevas posibilidades narrativas y estilísticas para el cine del futuro.

El camino hacia el futuro está claro: IA y creatividad no serán entidades separadas, sino que trabajarán cada vez más juntas. La inteligencia artificial no es una amenaza para la creatividad humana, sino una oportunidad para ampliar las posibilidades artísticas, ofreciendo nuevas herramientas y técnicas que artistas y creadores podrán utilizar para explorar nuevas formas de expresión.

De hecho, los artistas a lo largo de la historia siempre han sido pioneros en abrazar el cambio y adaptarse a nuevas tecnologías. Desde el paso de las pinturas rupestres a los pigmentos artificiales, desde la introducción de la fotografía hasta el cine, los artistas siempre han sabido reinventarse, encontrando en el cambio nuevas formas de expresar su visión. La IA representa simplemente otro paso en este largo camino de evolución creativa.

En este sentido, el futuro del arte está lleno de potencialidades inexploradas, donde la IA no será solo una herramienta, sino un colaborador capaz de expandir los límites de la imaginación y transformar la manera en que concebimos la creación misma.

CAPÍTULO 9: Futuro de la IA: Escenarios Posibles

Como hemos visto en los capítulos anteriores, también a través de numerosos ejemplos prácticos y reales, la inteligencia artificial es una tecnología destinada a cambiar radicalmente nuestra forma de vida. Nos guste o no, la IA, con todas sus potencialidades y sus puntos críticos, ya está presente en muchos aspectos de nuestra vida cotidiana, y en los próximos años su impacto será aún más profundo. Ya hemos mencionado varias veces el futuro de la IA, y ahora es el momento de explorarlo de manera más detallada. Aunque no podemos predecir con certeza la evolución de esta tecnología, podemos hacer algunas predicciones basadas en lo que sabemos hoy.

En este capítulo, analizaremos diferentes escenarios futuros relacionados con el desarrollo de la IA: desde visiones optimistas en las que la IA transforma positivamente nuestra sociedad, hasta escenarios más complejos y distópicos que plantean preocupaciones éticas y sociales. Es evidente que la IA no será simplemente una tecnología más, sino una fuerza que tendrá el poder de redefinir las estructuras sociales, económicas y políticas a nivel global. Nos corresponde a nosotros entender cómo prepararnos para este cambio.

IA: ¿Revolución Duradera o Solo una Burbuja Tecnológica?

Cuando se habla de inteligencia artificial, muchos se preguntan si estamos frente a una verdadera revolución tecnológica o si, como otras modas tecnológicas del pasado, estamos ante una burbuja a punto de estallar. En realidad, la misma pregunta se ha planteado en el pasado en relación con otras grandes innovaciones que hoy damos por sentadas, como la electricidad, las computadoras, los automóviles e incluso internet. En su momento, era difícil imaginar el impacto que estos inventos tendrían en nuestra vida cotidiana y en la sociedad en general. Lo mismo podría suceder con la IA: hoy en día puede parecer un fenómeno confuso y no muy definido, pero sus efectos futuros podrían ser tan revolucionarios como los de las tecnologías que han cambiado el curso de la historia.

La Electricidad: De Innovación a Pilar de la Vida Moderna

Un ejemplo clásico es la electricidad. Cuando fue introducida, muchos no podían comprender sus verdaderas posibilidades. Claro, las bombillas eléctricas eran una mejora respecto a las velas, pero ¿quién podría haber imaginado que la electricidad se convertiría en la fuerza vital de nuestra sociedad moderna, alimentando todo, desde las casas hasta los hospitales, desde el transporte hasta las comunicaciones? Lo mismo podría ocurrir con la inteligencia artificial. Hoy vemos la IA aplicada en sectores específicos, como los motores de búsqueda, los automóviles autónomos o los asistentes de voz, pero su verdadero impacto podría estar aún lejos de ser plenamente comprendido.

La Computadora: De Herramienta para Pocos a Bien Universal

Otro ejemplo es la computadora. Cuando se crearon los primeros modelos, se veían como herramientas complicadas, destinadas solo a científicos o empresas. Nadie habría imaginado que algún día todos tendríamos una computadora de bolsillo en forma de smartphone. De la misma manera, hoy la IA puede parecer una tecnología reservada a investigadores y empresas tecnológicas, pero hay una gran posibilidad de que en el futuro esté integrada en todos los aspectos de nuestra vida diaria, desde el trabajo hasta el entretenimiento, e incluso en la gestión de nuestros hogares.

El Automóvil: De Lujo a Necesidad

También pensemos en el automóvil. Al principio se veía como un lujo accesible solo para los ricos, y muchos pensaban que los caballos y carruajes seguirían siendo el principal medio de transporte. Hoy es difícil imaginar una sociedad moderna sin automóviles. En cierto sentido, la inteligencia artificial podría estar en una fase inicial similar: una tecnología prometedora, pero aún no completamente accesible o comprendida por todos. Sin embargo, al igual que el automóvil, pronto podría convertirse en un componente esencial de nuestra vida.

Internet y la Burbuja Dotcom: Lecciones de Historia

Otro ejemplo interesante es el de internet. A principios de los 2000, la llamada burbuja del dotcom llevó a muchas personas a creer que internet era solo una moda pasajera, impulsada por la especulación financiera y las burbujas de mercado. Pero, como bien sabemos hoy, internet ha transformado cada aspecto de nuestras vidas, desde la comunicación hasta el comercio, el trabajo y la información. ¿Quién hubiera imaginado, durante la burbuja dotcom, que un día llevaríamos internet en el bolsillo, utilizando teléfonos móviles para hacer casi todo, desde llamadas hasta trabajar, comprar y entretenernos? Y claro, los Nokia 3310 eran indestructibles, pero nadie habría pensado que los teléfonos móviles alcanzarían el nivel que vemos hoy en día; de la misma forma, Siri puede ser un poco limitada a veces, pero quién sabe, en el futuro quizá también nos prepare el café.

Entonces, ¿podemos realmente considerar la inteligencia artificial como una burbuja a punto de estallar? La historia nos enseña que muchas de las innovaciones que inicialmente parecían inciertas luego se convirtieron en pilares fundamentales de la sociedad. Aunque la IA presenta todavía desafíos e incertidumbres, es probable que sus efectos se vuelvan cada vez más omnipresentes y estructurales, transformando la forma en que vivimos y trabajamos.

Por supuesto, como sucede con todas las tecnologías emergentes, hay riesgos: expectativas exageradas, especulación o limitaciones técnicas podrían frenar su adopción en ciertos sectores. Sin embargo, al igual que la electricidad, la computadora e internet, la IA tiene el potencial de convertirse en una revolución duradera. En el futuro, podría no ser solo una parte de nuestro mundo, sino un motor fundamental de nuestra existencia cotidiana.

IA y Superinteligencia

Uno de los escenarios más fascinantes y, al mismo tiempo, inquietantes del futuro de la inteligencia artificial es la posibilidad de desarrollar una superinteligencia, es decir, una inteligencia artificial que supere con creces las capacidades cognitivas humanas en todos los ámbitos: desde la resolución de problemas hasta la creatividad, y la comprensión y gestión de conceptos complejos. Esta idea, a menudo discutida en el ámbito científico y filosófico, conlleva extraordinarias posibilidades, pero también graves riesgos.

¿Qué Se Entiende por Superinteligencia?

Una superinteligencia sería capaz de resolver problemas mucho más rápido y con mayor precisión que los seres humanos, acumulando conocimientos y competencias de manera exponencial. No se trataría solo de una inteligencia especializada en sectores específicos (como ocurre hoy con los algoritmos de machine learning), sino de una forma de inteligencia general que podría gestionar una amplia gama de tareas y actividades mejor que cualquier ser humano.

La visión optimista de una superinteligencia sugiere que esta podría resolver problemas globales, como el cambio climático, la pobreza o las enfermedades incurables, creando un futuro de abundancia y progreso tecnológico sin precedentes. Sin embargo, su creación también plantea cuestiones éticas y prácticas muy complejas.

Los Riesgos de la Superinteligencia

Uno de los mayores temores relacionados con el desarrollo de una superinteligencia es que podría volverse impredecible e incontrolable. Si un sistema superinteligente adquiriera la capacidad de mejorar por sí mismo, podría evolucionar de maneras que están más allá de nuestra comprensión o control, generando consecuencias imprevistas. Un escenario apocalíptico, a menudo descrito en la literatura de ciencia ficción y discutido por expertos como Nick Bostrom, es aquel en el que una superinteligencia toma decisiones que ponen en peligro a la humanidad, no por malicia, sino porque sigue objetivos que no comprendemos o que van en contra de nuestros intereses.

Además, existe el riesgo de que el acceso a una superinteligencia esté limitado a unas pocas entidades (gobiernos o grandes corporaciones), creando una disparidad de poder sin precedentes. Quien controle una superinteligencia tendría una ventaja inmensa sobre todas las demás fuerzas políticas, económicas y sociales, lo que podría desestabilizar el orden mundial.

Posibilidad de Control

Diversos estudiosos y científicos, entre ellos Elon Musk y Stephen Hawking, han subrayado la importancia de garantizar que el desarrollo de una superinteligencia se realice de manera segura y controlada. Ya se están llevando a cabo discusiones sobre cómo diseñar medidas de seguridad para evitar que una superinteligencia se salga de nuestro control. Una de las propuestas es crear sistemas de alineación moral, en los que la IA sería programada para seguir reglas éticas que reflejen los valores humanos.

Sin embargo, la creación efectiva de una superinteligencia sigue siendo objeto de debate. Algunos creen que estamos a décadas, si no a siglos, de alcanzar este nivel tecnológico, mientras que otros piensan que podríamos presenciar avances significativos en unas pocas décadas. Lo que es seguro es que la eventualidad de una superinteligencia representa uno de los temas más cruciales y delicados en el debate sobre el futuro de la inteligencia artificial.

IA en la Educación

Al igual que en el ámbito laboral (del que ya hemos hablado anteriormente), otro sector, del cual a menudo hablamos poco pero es igualmente fundamental, es el de la educación. En el futuro, la IA podría revolucionarlo completamente, haciendo que el aprendizaje sea más personalizado y efectivo para estudiantes de todas las edades. A través del uso de algoritmos avanzados, la IA puede adaptar los métodos de enseñanza a las necesidades individuales, promover un aprendizaje continuo y proporcionar recursos personalizados. Esto no solo mejorará la experiencia educativa de los estudiantes, sino también la forma en que los docentes realizan su trabajo, haciendo que el proceso educativo sea más dinámico e inclusivo.

Aprendizaje Personalizado

Uno de los cambios más significativos que la IA puede aportar a la educación es la posibilidad de personalizar el aprendizaje para cada estudiante. Tradicionalmente, la educación ha seguido un enfoque único para todos, con programas estandarizados y métodos didácticos que no siempre toman en cuenta las diferencias en los tiempos de aprendizaje o los estilos cognitivos de los estudiantes. La IA, sin embargo, permite crear trayectorias de aprendizaje individualizadas.

A través de algoritmos de machine learning, la IA es capaz de analizar el progreso de un estudiante, identificar sus lagunas, comprender sus puntos fuertes y proponer contenidos específicos para llenar esos vacíos. Por ejemplo, si un estudiante tiene dificultades con un concepto matemático, la IA puede generar ejercicios adicionales y ofrecer explicaciones más detalladas, ayudando al alumno a superar la dificultad sin ralentizar el ritmo de los demás. Por otro lado, para los estudiantes más avanzados, la IA puede proponer contenidos adicionales para desafiarlos y mantener su interés.

Un ejemplo de esta tecnología son las plataformas de aprendizaje como Knewton o Smart Sparrow, que utilizan inteligencia artificial para monitorear las respuestas de los estudiantes en tiempo real y adaptar el itinerario educativo según sus necesidades. Así, el aprendizaje se vuelve dinámico, y el estudiante recibe una experiencia formativa a medida, haciendo que la educación sea más accesible y efectiva.

Formación Continua y Aprendizaje a lo Largo de la Vida

En un mundo donde las habilidades demandadas por el mercado laboral cambian rápidamente, la IA ofrece herramientas para facilitar la formación continua o "lifelong learning". Gracias a su capacidad para monitorear el progreso individual y sugerir trayectorias de aprendizaje específicas, la IA puede ayudar a profesionales y trabajadores a mantenerse actualizados y desarrollar nuevas competencias en respuesta a las demandas del mercado.

Las plataformas de aprendizaje avanzado pueden rastrear el progreso de los trabajadores, sugiriendo cursos o recursos para llenar posibles vacíos. Por ejemplo, si una persona quiere mejorar sus habilidades en tecnología, la IA puede sugerir cursos de programación, inteligencia artificial o ciberseguridad basándose en las habilidades actuales y los objetivos profesionales. Este enfoque, combinado con las microcertificaciones o insignias digitales, permite a los trabajadores adquirir nuevas competencias de manera flexible y continua, sin necesidad de interrumpir su carrera para dedicarse al estudio tradicional.

Apoyo para los Docentes

Los docentes también pueden beneficiarse enormemente del uso de la IA. A través de herramientas de análisis automatizado, la IA puede proporcionar retroalimentación sobre el rendimiento de los estudiantes en tiempo real, lo que permite a los docentes identificar rápidamente quién necesita más apoyo y qué temas resultan más complejos para la clase. Esto permite una gestión más eficiente del tiempo y posibilita que los maestros se concentren en actividades de mayor valor, como la interacción directa con los estudiantes o el desarrollo de nuevas metodologías didácticas.

Además, la IA puede simplificar tareas administrativas repetitivas, como la corrección de exámenes o la gestión de registros, liberando así más tiempo para la planificación educativa o el desarrollo profesional de los maestros.

Desafíos y Oportunidades

Aunque la IA presenta enormes oportunidades para la educación, también existen algunos desafíos. Uno de ellos es garantizar que la IA sea accesible para todos, independientemente del contexto socioeconómico. Es importante asegurarse de que la infraestructura tecnológica necesaria para utilizar la IA esté disponible en todas las escuelas y universidades. Además, existe el riesgo de que el uso excesivo de tecnologías automatizadas reduzca la interacción humana, un aspecto fundamental de la educación tradicional.

POSIBLES ESCENARIOS FUTUROS

El futuro de la inteligencia artificial es una de las cuestiones más debatidas y fascinantes de nuestro tiempo. Mientras la IA promete transformar nuestro mundo de maneras extraordinarias, las opiniones sobre lo que nos depara el futuro son a menudo contrastantes. Algunos imaginan un mundo en el que la tecnología y la automatización crean una sociedad utópica de abundancia, mientras que otros temen un futuro distópico en el que la IA provoque desigualdades, pérdida de control e incluso el colapso de la sociedad. Analizar ambos escenarios, tanto utópicos como distópicos, nos ayuda a comprender los impactos potenciales de la tecnología y cómo podríamos orientarnos hacia el futuro.

Escenarios Distópicos: El Lado Oscuro de la IA

Uno de los escenarios distópicos más temidos con respecto a la inteligencia artificial es aquel en el que la tecnología, en lugar de mejorar la vida de las personas, se convierte en una fuerza destructiva que lleva a la desigualdad, el control autoritario y la pérdida de autonomía. En este escenario, la IA podría causar graves problemas económicos, sociales y políticos, rediseñando radicalmente el tejido de la sociedad de manera negativa.

Desempleo Masivo y Desigualdades Económicas

Uno de los riesgos más concretos asociados con el desarrollo de la IA es el desempleo masivo. Con el avance de la automatización y el creciente uso de algoritmos de IA capaces de realizar tareas humanas, muchos empleos, tanto manuales como cognitivos, podrían ser reemplazados. Sectores como la producción, el transporte y los servicios podrían ser los más afectados. Por ejemplo, los autos autónomos podrían reemplazar a los camioneros, los robots podrían sustituir a los obreros en las fábricas, y los algoritmos de IA podrían tomar el lugar de empleados en oficinas y bancos.

Esta automatización masiva podría llevar a un desempleo estructural generalizado, con millones de personas que perderían sus trabajos y no tendrían las competencias necesarias para adaptarse a un mercado laboral cada vez más tecnológico. Como resultado, el desempleo masivo podría aumentar drásticamente la desigualdad económica, ya que aquellos que controlan la tecnología, como las grandes empresas y los gobiernos, acumularían cada vez más riqueza y poder, mientras que gran parte de la población quedaría marginada.

Vigilancia Masiva y Regímenes Autoritarios

Otro riesgo concreto es el uso de la IA para crear regímenes autoritarios basados en una vigilancia masiva sin precedentes. Tecnologías como el reconocimiento facial y el monitoreo de datos personales permiten rastrear todos los aspectos de la vida de las personas, desde la identificación en lugares públicos hasta la vigilancia de sus actividades en línea. Si estas herramientas cayeran en manos de gobiernos autoritarios, podrían utilizarse para reprimir la disidencia, controlar a la población y violar sistemáticamente los derechos humanos.

Uno de los ejemplos más preocupantes es el uso de estas tecnologías en algunas naciones donde el crédito social se utiliza para rastrear el comportamiento de los ciudadanos y asignarles puntajes que influyen en su acceso a servicios públicos, empleos o educación. En un escenario distópico, dichos sistemas de vigilancia podrían extenderse a nivel mundial, limitando las libertades individuales y creando una sociedad altamente controlada y jerárquica.

Pérdida de Control y Amenazas Existenciales

Un temor adicional es que una superinteligencia pueda escapar al control humano. Si una IA avanzada adquiriera la capacidad de mejorarse a sí misma, podría evolucionar rápidamente más allá de nuestra comprensión o capacidad de gestión. Este escenario plantea la posibilidad de que una IA fuera de control tome decisiones que no estén alineadas con los intereses humanos, con consecuencias catastróficas. La IA podría actuar para maximizar objetivos que perciba como correctos, pero que resulten perjudiciales para la humanidad.

Este riesgo, aunque teórico, es tomado muy en serio por científicos como Nick Bostrom y Elon Musk, quienes ven la posibilidad de que la IA, si no se diseña con medidas de seguridad adecuadas, pueda convertirse en una amenaza existencial para la supervivencia de la humanidad.

El escenario distópico relacionado con la inteligencia artificial presenta un futuro donde el control excesivo, el desempleo y la desigualdad podrían desestabilizar nuestro mundo. Sin embargo, estos son escenarios hipotéticos que podrían evitarse mediante una regulación ética y una gestión cuidadosa del desarrollo tecnológico.

Escenario Utopista: La IA como Solución a Todos los Problemas
En un escenario utópico, la inteligencia artificial se convierte en una fuerza positiva capaz de resolver muchos de los grandes problemas de la humanidad, transformando la sociedad de manera profundamente beneficiosa. La IA no solo optimiza el trabajo y la eficiencia económica, sino que también contribuye a la creación de un mundo más justo, sostenible y próspero para todos.

En el ámbito económico, la automatización y la inteligencia artificial podrían liberar a los seres humanos de trabajos repetitivos y agotadores, permitiendo a las personas dedicarse a tareas más creativas, empáticas y estimulantes desde el punto de vista intelectual. Los sistemas de IA podrían garantizar que la riqueza generada por la automatización se distribuya equitativamente, con soluciones como el ingreso universal, asegurando que nadie se quede atrás. Trabajar podría convertirse en una elección, en lugar de una necesidad.

En el plano de la salud, la IA podría revolucionar la manera en que se abordan las enfermedades, permitiendo diagnósticos rápidos y precisos a través del análisis de enormes cantidades de datos médicos. La IA podría personalizar los tratamientos para cada individuo, mejorando significativamente las expectativas de vida y la calidad de la atención médica. Enfermedades que hoy son incurables podrían tratarse con enfoques innovadores, y futuras pandemias podrían prevenirse y contenerse de manera mucho más eficaz.

Desde el punto de vista ambiental, la IA podría desempeñar un papel crucial en la lucha contra el cambio climático. Gracias a su capacidad para analizar datos complejos en tiempo real, la IA podría optimizar el uso de los recursos naturales, reducir el desperdicio y acelerar la transición hacia energías renovables. Las ciudades se volverían más sostenibles y eficientes, reduciendo la contaminación y mejorando la calidad de vida urbana.

Un escenario utópico ve a la inteligencia artificial como el motor de una nueva era de prosperidad, sostenibilidad y bienestar colectivo, donde la tecnología y la humanidad trabajan juntas para enfrentar los grandes desafíos globales.

Equilibrar Posibilidades y Riesgos

Es evidente que ambos escenarios, distópico y utópico, representan visiones extremas del futuro. La realidad probablemente se sitúe en un punto intermedio, con la IA trayendo tanto beneficios como desafíos. Para evitar un futuro distópico y maximizar los beneficios de la IA, será esencial implementar regulaciones éticas, promover una distribución justa de los beneficios de la automatización y asegurar que las decisiones tecnológicas se tomen en función de los intereses humanos.

El futuro de la inteligencia artificial aún está por escribirse, y nuestra tarea es guiar su desarrollo para que conduzca a una sociedad más equitativa, sostenible e inclusiva.

Estamos a punto de concluir nuestro viaje en el mundo de la inteligencia artificial, y acabamos de explorar escenarios que van desde lo distópico hasta lo utópico... ¿Qué piensas al respecto? ¿Te preocupa que terminemos en una especie de Matrix o estás tan entusiasmado que querrías congelarte y despertarte dentro de 100 años? Bueno, en cualquier caso, espera antes de tomar cualquier decisión, no antes de leer nuestro décimo y último capítulo. Nos enfocaremos en cómo prepararnos para enfrentar de la mejor manera este futuro (exactamente eso...). Veremos consejos prácticos sobre cómo adaptarse y prosperar en un mundo cada vez más dominado por la inteligencia artificial, un mundo que apenas hemos comenzado a vislumbrar desde la ventana, así que ajusta tu cintur... ah, no, dijimos que ya no serán necesarios...

CAPÍTULO 10: Conclusiones y Preparación para el Futuro de la IA

En Inteligencia Artificial 360°, hemos explorado a fondo las múltiples facetas de la inteligencia artificial, con el objetivo de ofrecer una visión completa y accesible de esta tecnología. Comenzamos con una panorámica general del campo de la IA, partiendo de sus fundamentos y definiendo qué es, hablando del hardware necesario, hasta analizar sus avances históricos, desde las intuiciones de Alan Turing hasta las aplicaciones modernas en motores de búsqueda, recomendaciones de contenido y sistemas de conducción autónoma.

En el Capítulo 2, distinguimos los diferentes tipos de IA, desde las redes neuronales hasta la IA simbólica, explorando el aprendizaje automático (machine learning) y el aprendizaje profundo (deep learning), con ejemplos prácticos como el reconocimiento de imágenes y el uso de redes generativas antagónicas (GAN) para la generación de contenido. A partir de ahí, profundizamos en los algoritmos fundamentales del aprendizaje automático en el Capítulo 3, como el aprendizaje supervisado y no supervisado, con ejemplos de cómo estos algoritmos se utilizan en sectores como el comercio electrónico o la ciberseguridad.

El Capítulo 4 se adentró en las arquitecturas avanzadas del aprendizaje profundo, con un análisis detallado de redes convolucionales (CNN), redes neuronales recurrentes (RNN) y transformadores, explicando cómo estas redes se utilizan en aplicaciones como la traducción automática y la generación de texto, mostrando el papel creciente de la IA en sistemas complejos.

En el Capítulo 5, vimos cómo la IA se aplica en sectores industriales como la salud, las finanzas y la agricultura. Cada ejemplo demostró que esta tecnología no es solo una visión del futuro, sino una realidad operativa.

Luego exploramos la IA en la vida cotidiana en el Capítulo 6, destacando cómo ya está integrada en nuestras rutinas a través de asistentes virtuales, algoritmos de recomendación e incluso videojuegos que se adaptan al comportamiento de los jugadores.

En el Capítulo 7, nos detuvimos en los desafíos éticos y sociales que trae consigo la IA, desde los problemas relacionados con la privacidad, los sesgos algorítmicos, hasta el impacto de la automatización en el empleo.

El Capítulo 8 tocó un aspecto inesperado de la IA: su creciente implicación en el campo de la creatividad. A través de ejemplos como la música generada por IA o las películas con efectos especiales realistas, vimos cómo los artistas y creadores utilizan la IA para amplificar sus capacidades.

Finalmente, en el Capítulo 9, exploramos los posibles escenarios futuros de la IA, tanto utópicos como distópicos, imaginando un mundo en el que la IA podría resolver problemas globales o, en algunos casos, crear nuevos desafíos a enfrentar.

Espero haber logrado aclarar estos conceptos, utilizando siempre ejemplos prácticos y resúmenes al final de cada punto, para que la complejidad y el potencial de esta tecnología sean más comprensibles.

Los consejos prácticos y los usos de la IA en la vida cotidiana no son tan sencillos de proporcionar, ya que, como hemos visto, las aplicaciones de la inteligencia artificial son prácticamente infinitas. Cada persona, cada trabajo y cada situación puede requerir un análisis y enfoque diferente para el uso de la IA.

Un empleado de oficina podría aprovechar herramientas de IA para mejorar la productividad y optimizar las actividades diarias, como la gestión de correos electrónicos o la organización de datos, mientras que un médico podría utilizar sistemas avanzados de diagnóstico para detectar enfermedades complejas. Del mismo modo, una empresa de transporte podría beneficiarse de algoritmos de optimización logística, mientras que un creativo podría colaborar con herramientas de IA para generar nuevas e innovadoras ideas.

Es precisamente esta flexibilidad de la IA, capaz de adaptarse a innumerables contextos y necesidades, lo que la convierte en una tecnología tan poderosa, pero al mismo tiempo difícil de abordar con consejos específicos.

Sin embargo, podemos hacer una primera distinción para entender mejor cómo se puede aplicar la IA. Dos áreas principales emergen claramente: el mundo laboral (que involucra a empresas y empleados) y la vida cotidiana personal.

HABILIDADES A DESARROLLAR: TÉCNICAS Y HABILIDADES BLANDAS PARA PROSPERAR EN EL MUNDO DE LA IA

Para prosperar en un mundo cada vez más dominado por la inteligencia artificial, es esencial desarrollar una combinación de habilidades técnicas y habilidades blandas. La IA está transformando la forma en que trabajamos, nos comunicamos y enfrentamos los desafíos diarios, lo que exige nuevas competencias para navegar con éxito en este panorama tecnológico. A continuación, exploramos las competencias clave a desarrollar, tanto técnicas como humanas, para mantenerse relevante y competitivo en un contexto cada vez más automatizado.

Competencias Técnicas

1. **Programación y Desarrollo de Algoritmos**

    Una de las competencias fundamentales para trabajar con la IA es la programación. Lenguajes como Python, R y Java se utilizan ampliamente en el desarrollo de algoritmos de inteligencia artificial, aprendizaje automático y análisis de datos. Saber escribir código para crear e implementar modelos de IA es esencial para aquellos que desean ingresar en este campo.

    En particular, es útil comprender los algoritmos de aprendizaje automático y aprendizaje profundo, tecnologías clave que permiten a la IA aprender de los datos de forma autónoma. Conocer herramientas como TensorFlow y PyTorch para la creación de redes neuronales es una gran ventaja, ya que estas plataformas son la base de muchas aplicaciones modernas de IA.

2. **Ciencia de Datos y Análisis de Datos**

   La inteligencia artificial se basa en los datos, por lo que la capacidad de recopilar, analizar e interpretar grandes cantidades de datos es una competencia fundamental. Conocer los principios de la ciencia de datos es crucial para cualquiera que quiera trabajar con IA, ya que las decisiones que toman los modelos de IA dependen de la calidad y precisión de los datos que reciben.

   Las habilidades en estadística, modelado de datos, procesamiento del lenguaje natural (NLP) y visualización de datos permiten traducir grandes conjuntos de datos complejos en información útil para entrenar los algoritmos de IA. Además, las tecnologías relacionadas con big data y análisis de datos en tiempo real se están volviendo cada vez más esenciales.

3. **Aprendizaje Automático y Aprendizaje Profundo**

   El aprendizaje automático y el aprendizaje profundo son el corazón de la inteligencia artificial. Entender cómo funcionan los modelos de aprendizaje automático supervisado, no supervisado y por refuerzo permite construir soluciones avanzadas de IA. Los modelos de aprendizaje profundo, que utilizan redes neuronales artificiales para simular el aprendizaje del cerebro humano, son cruciales para aplicaciones como el reconocimiento de voz, la visión artificial y la interpretación del lenguaje natural.

Conocer cómo diseñar, entrenar y optimizar estos modelos es una habilidad muy demandada, ya que la IA se basa precisamente en estos algoritmos para aprender y tomar decisiones.

Habilidades Blandas

1. **Pensamiento Crítico y Resolución de Problemas**

   Incluso en un mundo altamente automatizado, las máquinas no pueden reemplazar la capacidad humana de pensar críticamente. Las personas que saben analizar problemas complejos y proponer soluciones innovadoras serán siempre necesarias, especialmente cuando se trata de integrar la IA en contextos empresariales o sociales. El pensamiento crítico ayuda a identificar dónde la IA puede ser útil y dónde puede generar problemas.

   Asimismo, la capacidad de resolver problemas complejos, especialmente aquellos que requieren una comprensión contextual, es una habilidad fundamental. Las máquinas pueden proporcionar respuestas basadas en datos, pero a menudo el juicio humano es necesario para tomar decisiones éticas o estratégicas.

2. **Creatividad e Innovación**

   Mientras que la IA es extremadamente poderosa para procesar datos e identificar patrones, la creatividad humana sigue siendo insustituible. La capacidad de ver las cosas desde una nueva perspectiva e imaginar soluciones que aún no existen es una de las habilidades más valiosas en un mundo dominado por la tecnología. Artistas, diseñadores y creativos de todo tipo pueden colaborar con la IA para amplificar sus habilidades, pero la visión humana siempre estará en el centro de la innovación.

3. **Adaptabilidad y Curiosidad**

   La IA y las tecnologías relacionadas evolucionan rápidamente, y las personas deben estar dispuestas a adaptarse. La capacidad de aprender continuamente, ser curiosos y estar abiertos a nuevas ideas es esencial para mantenerse competitivos. A medida que emergen nuevas tecnologías, quienes tengan la capacidad de adaptarse y adquirir nuevas habilidades siempre estarán un paso adelante.

4. **Colaboración y Comunicación**

   La integración de la IA en los procesos empresariales e industriales requiere colaboración entre equipos interdisciplinarios. Saber trabajar de manera efectiva con personas que tienen diferentes habilidades, como ingenieros, diseñadores y especialistas en marketing, es fundamental. Además, la capacidad de comunicar conceptos complejos de manera simple y accesible, tanto dentro de una organización como hacia clientes o partes interesadas, es crucial para fomentar la adopción y el uso correcto de la IA.

Para prosperar en un mundo influenciado por la IA, es importante equilibrar habilidades técnicas avanzadas con habilidades blandas humanas. Saber programar y comprender los datos es esencial, pero la capacidad de pensar de manera crítica, ser creativo y colaborar eficazmente con otras personas y con la IA es lo que hará que los individuos sean realmente indispensables.

Cómo usar la IA en el trabajo como empleado

La inteligencia artificial (IA) está revolucionando el mundo laboral, y no solo en sectores altamente tecnológicos. Hoy en día, la IA es accesible y puede ser utilizada por empleados en una amplia gama de roles y sectores, ayudándolos a mejorar la productividad, tomar decisiones más informadas e incluso automatizar tareas repetitivas. Desde la atención al cliente hasta el marketing y la gestión de inventarios, la IA puede mejorar el trabajo diario de manera concreta e inmediata. A continuación, veamos algunos ejemplos de cómo diferentes tipos de empleados pueden aprovechar la IA.

1. **Marketing: Optimización de campañas publicitarias**

    Un responsable de marketing puede utilizar la IA para mejorar la efectividad de las campañas publicitarias y optimizar los presupuestos de marketing. Por ejemplo, herramientas como Google Ads o Facebook Ads emplean algoritmos de inteligencia artificial para segmentar mejor al público, mostrando anuncios a las personas más interesadas, basándose en el comportamiento en línea, búsquedas previas y datos demográficos.

    La IA también ayuda a optimizar el presupuesto en tiempo real, reasignando automáticamente los recursos a los anuncios con mejor rendimiento. Herramientas como HubSpot o Marketo usan la IA para enviar correos electrónicos personalizados, crear segmentos de audiencia basados en preferencias y comportamientos, e incluso escribir textos optimizados para aumentar la interacción. Un empleado en marketing también puede utilizar plataformas de IA para analizar tendencias del mercado y determinar qué productos o servicios podrían tener mayor éxito.

2. **Atención al cliente: Chatbots y automatización**

   Un empleado de servicio al cliente puede utilizar la IA para automatizar respuestas a las preguntas más frecuentes de los clientes. Herramientas como Zendesk o Intercom integran chatbots basados en IA que responden automáticamente a solicitudes sencillas, como horarios de apertura, seguimiento de pedidos o actualizaciones de envíos.

   Estos chatbots pueden gestionar un alto volumen de solicitudes simultáneamente, reduciendo la carga de trabajo de los operadores humanos. Los empleados pueden concentrarse en problemas más complejos que requieren intervención humana, mejorando la eficiencia general. Además, la IA puede analizar las interacciones con los clientes y sugerir mejoras en los procesos de asistencia, proporcionando una visión general de las áreas a mejorar para aumentar la satisfacción del cliente.

3. **Finanzas: Análisis de datos y predicciones**

   Para un analista financiero, la IA es una herramienta fundamental para analizar grandes volúmenes de datos financieros y prever tendencias de mercado. Plataformas como Bloomberg Terminal o Eikon emplean algoritmos de inteligencia artificial para analizar datos en tiempo real y proporcionar predicciones basadas en datos históricos. La IA puede identificar patrones y tendencias en los mercados financieros, sugiriendo a los analistas qué acciones comprar o vender, mejorando la precisión de sus predicciones.

Además, herramientas de automatización contable, como QuickBooks o Xero, se pueden utilizar para gestionar automáticamente ingresos y gastos, generando informes financieros completos sin intervención manual. De este modo, un empleado del sector financiero puede reducir el tiempo necesario para completar tareas administrativas y centrarse en decisiones estratégicas más complejas.

4. **Recursos Humanos: Selección de personal y análisis de rendimiento**

Un reclutador o responsable de recursos humanos puede utilizar la IA para mejorar el proceso de selección de personal. Herramientas como HireVue o Pymetrics emplean inteligencia artificial para analizar candidaturas, no solo basándose en currículums, sino también en entrevistas en video, evaluaciones psicométricas y datos de comportamiento.

Estos sistemas pueden identificar a los candidatos más adecuados para un puesto de manera más objetiva y sin prejuicios, mejorando la efectividad y reduciendo los tiempos del proceso de selección. La IA también puede monitorear el rendimiento de los empleados, proporcionando retroalimentación en tiempo real e identificando áreas de mejora, ayudando a desarrollar planes personalizados de crecimiento para cada empleado.

5. **Producción: Optimización de la cadena de suministro**

   En el ámbito industrial, un responsable de logística puede utilizar la IA para optimizar la cadena de suministro y reducir costos operativos. Herramientas basadas en IA, como Llamasoft o ClearMetal, pueden monitorear los flujos de mercancías en tiempo real, optimizando las rutas de transporte, previendo tiempos de entrega y gestionando inventarios de manera más eficiente.

   Un empleado que trabaje en la gestión de inventarios puede utilizar algoritmos de machine learning para prever la demanda futura de ciertos productos, basándose en datos históricos y tendencias del mercado. Esto no solo mejora la eficiencia operativa, sino que también reduce los desperdicios, asegurando que los inventarios estén siempre alineados con las necesidades.

6. **Salud: Diagnóstico y soporte a médicos**

   Un médico o una enfermera pueden utilizar la IA para mejorar el diagnóstico y tratamiento de los pacientes. Herramientas como IBM Watson Health son capaces de analizar grandes volúmenes de datos clínicos y proporcionar sugerencias de diagnóstico o tratamiento basadas en síntomas y condiciones específicas.

   Además, la IA puede analizar imágenes médicas, como radiografías o escaneos, con una precisión tal que permite detectar anomalías a menudo invisibles al ojo humano. Esto permite a los médicos hacer diagnósticos más precisos y actuar rápidamente. Los enfermeros pueden utilizar asistentes virtuales para llevar un seguimiento de los historiales clínicos de los pacientes y gestionar de manera más eficiente los cuidados.

7. **Ventas: Predicciones y recomendaciones personalizadas**

   Para un vendedor o un gerente de cuentas, la IA puede utilizarse para mejorar la estrategia de ventas y aumentar las conversiones. Herramientas como Salesforce Einstein o HubSpot Sales emplean algoritmos de machine learning para prever qué clientes tienen más probabilidades de comprar o abandonar.

   Estas herramientas pueden sugerir recomendaciones personalizadas para cada cliente, basadas en análisis de comportamiento e interacciones previas. De este modo, el vendedor puede adaptar su oferta de manera específica, aumentando las posibilidades de cerrar una venta.

   Además, la IA puede automatizar algunas partes del proceso de ventas, como la programación de llamadas o el envío de correos electrónicos de seguimiento, permitiendo al vendedor ahorrar tiempo y centrarse en las interacciones humanas que requieren un enfoque personalizado.

8. **Ingeniería y diseño: Diseño automatizado**

   En el sector de la ingeniería o el diseño industrial, la IA está revolucionando la forma en que se crean los productos. Software como Autodesk o SolidWorks integran herramientas basadas en IA que permiten a los ingenieros generar automáticamente diseños optimizados para mejorar la eficiencia o reducir los costos de producción.

A través de algoritmos de diseño generativo, la IA puede proponer nuevas soluciones de diseño, explorando automáticamente miles de opciones basadas en criterios como materiales, presupuesto y requisitos de rendimiento. Un ingeniero puede así reducir los tiempos de diseño y aumentar la eficiencia, encontrando soluciones innovadoras que podrían no ser inmediatamente evidentes.

9. **Medios y comunicación: Creación de contenido**

Un periodista o redactor puede utilizar la inteligencia artificial para automatizar parte de la producción de contenido. Herramientas como GPT-3 o Jasper permiten generar automáticamente artículos, publicaciones en redes sociales o textos publicitarios, reduciendo el tiempo necesario para crear contenido y mejorando la productividad.

En el ámbito de la comunicación, la IA puede utilizarse para analizar la retroalimentación del público, ayudando a los profesionales a comprender mejor las preferencias de los lectores o espectadores. Esto permite adaptar los contenidos de manera más precisa, aumentando el compromiso y la relevancia.

10. **Automatización de tareas repetitivas**

Muchas de las actividades diarias de los empleados, como la gestión de correos electrónicos, la organización de reuniones o la elaboración de informes, pueden automatizarse gracias a la IA. Herramientas como Microsoft Power Automate o Zapier permiten crear flujos de trabajo automatizados entre diferentes aplicaciones. Por ejemplo, es posible configurar un sistema que archive automáticamente los correos electrónicos en carpetas específicas basándose en ciertos criterios o que envíe informes periódicos sin intervención humana.

Este tipo de automatización permite a los empleados ahorrar tiempo, eliminando tareas repetitivas y permitiéndoles concentrarse en tareas de mayor valor.

11. **Gestión del correo electrónico**

La IA puede utilizarse para mejorar la gestión del correo electrónico, una de las actividades más comunes para los empleados. Herramientas como Gmail y Microsoft Outlook ya emplean algoritmos de IA para filtrar los correos electrónicos importantes, señalar los urgentes y categorizar automáticamente las comunicaciones según su prioridad.

Algunos programas, como SaneBox, pueden analizar el comportamiento del usuario y filtrar automáticamente los correos irrelevantes, permitiendo al empleado reducir el tiempo dedicado a revisar mensajes y centrarse en lo realmente importante.

12. **Formación y desarrollo de habilidades**

La IA también puede utilizarse para mejorar las habilidades de los empleados. Plataformas de aprendizaje en línea como Coursera, LinkedIn Learning y edX emplean IA para personalizar la experiencia de aprendizaje, sugiriendo cursos basados en los intereses y necesidades de actualización del usuario.

Estas plataformas permiten a los empleados acceder a trayectorias de formación continua personalizadas, mejorando sus habilidades técnicas y blandas de manera autónoma y a un ritmo adaptado.

A continuación, te presento una selección de software y aplicaciones que pueden ayudar a los empleados a mejorar la productividad, automatizar tareas y facilitar el trabajo diario. Estas herramientas cubren diversas áreas, desde la gestión de tareas hasta la colaboración, el desarrollo de habilidades y el bienestar laboral.

1. Gestión de Tareas y Productividad

- **Trello:** Una de las mejores herramientas para la gestión de tareas. Utiliza tarjetas y listas para organizar proyectos, permitiendo a los empleados gestionar flujos de trabajo, colaborar en equipo y seguir los plazos. Se integra con apps como Google Drive y Slack.

- **Asana:** Asana ayuda a los empleados a planificar, organizar y rastrear tareas. La IA sugiere plazos y prioridades, haciendo más eficiente la gestión de actividades.

- **Todoist:** Una app para la gestión de tareas personales y laborales que permite crear listas, asignar prioridades y establecer recordatorios. Su IA sugiere automáticamente plazos basados en patrones de trabajo.

2. Automatización de Tareas y Flujos de Trabajo

- **Zapier:** Automatiza tareas repetitivas conectando diferentes aplicaciones y servicios. Por ejemplo, puedes enviar notificaciones por correo cada vez que se complete una tarea en Asana o Trello.

- **Microsoft Power Automate:** Permite automatizar flujos de trabajo entre aplicaciones dentro del ecosistema de Microsoft, como la gestión de correos electrónicos o la organización de documentos.

- **IFTTT (If This Then That):** Al igual que Zapier, permite conectar aplicaciones y dispositivos para automatizar acciones repetitivas, como enviar notificaciones automáticas al agregar nuevos archivos a Google Drive o Dropbox.

3. Colaboración y Comunicación

- **Slack:** Facilita la comunicación entre empleados y utiliza IA para organizar mejor las conversaciones. Integra chatbots y automatizaciones para simplificar los flujos de trabajo.

- **Microsoft Teams:** Herramienta de colaboración de Microsoft que permite organizar reuniones, compartir archivos y trabajar en tiempo real. Su IA integrada transcribe reuniones automáticamente y optimiza la colaboración.

- **Google Workspace:** Ofrece herramientas como Gmail, Google Drive, Google Docs y Google Meet para la colaboración. La IA sugiere respuestas rápidas y organiza las reuniones eficientemente.

4. Formación y Desarrollo de Habilidades

- **Coursera:** Plataforma de aprendizaje en línea que utiliza IA para sugerir cursos basados en el progreso y las habilidades deseadas de los empleados, con temas que van desde competencias técnicas hasta soft skills.

- **LinkedIn Learning:** Ofrece cursos de formación en línea vinculados a la red profesional de LinkedIn, sugiriendo cursos según las competencias y objetivos del empleado.

- **edX:** Proporciona cursos gratuitos o pagos, incluidos certificados, para que los empleados actualicen o adquieran nuevas habilidades.

5. Bienestar y Gestión del Tiempo

- **RescueTime:** Analiza cómo los empleados pasan su tiempo y proporciona informes detallados. La IA sugiere formas de mejorar la gestión del tiempo.

- **Forest:** App que fomenta la concentración. Los empleados plantan un árbol virtual cuando se enfocan en una tarea, y si dejan de trabajar, el árbol muere, incentivando la productividad sin distracciones.

- **Headspace:** Ofrece meditaciones guiadas y técnicas de manejo del estrés para mejorar el bienestar mental durante las pausas en el trabajo.

6. Gestión de Recursos Humanos y Personal

- **BambooHR:** Plataforma de recursos humanos que permite a los empleados gestionar fácilmente permisos y asistencia. Usa IA para sugerir mejoras en el bienestar laboral.

- **Workday:** Utiliza IA para ayudar en la gestión de personal, evaluaciones de rendimiento y desarrollo profesional. Automatiza procesos como la asignación de tareas y la gestión de compensaciones.

- **Toggl Track:** Herramienta para rastrear el tiempo de trabajo en proyectos. Es útil para empleados que necesitan gestionar su tiempo de manera eficiente.

7. Atención al Cliente y Chatbots

- **Intercom:** Plataforma de comunicación que integra chatbots impulsados por IA para responder a preguntas frecuentes y automatizar el soporte al cliente.

- **Freshdesk:** Software de atención al cliente que automatiza la gestión de tickets y utiliza IA para responder a solicitudes, mejorando la eficiencia en las interacciones.

- **Zendesk:** Plataforma que integra chatbots y automatizaciones para gestionar eficientemente las consultas de los clientes, asistiendo a los empleados en el soporte.

8. Ciberseguridad y Protección de Datos

- **Dashlane:** Un administrador de contraseñas basado en IA que ayuda a los empleados a crear y almacenar contraseñas seguras.

- **CrowdStrike Falcon:** Software de ciberseguridad que utiliza IA para proteger dispositivos corporativos de ataques cibernéticos, ideal para empleados que manejan datos sensibles.

- **Darktrace:** Software de IA para la seguridad informática que monitoriza comportamientos anómalos en la red empresarial, protegiendo los datos confidenciales.

9. Escritura y Revisión Automática

- **Grammarly:** Herramienta popular para mejorar la escritura mediante IA, corrigiendo errores gramaticales y sugiriendo mejoras estilísticas, ideal para empleados que redactan correos, informes o presentaciones.

- **Hemingway Editor:** Ayuda a mejorar la legibilidad de los textos sugiriendo correcciones para simplificar frases complejas y mejorar la claridad.

10. Videoconferencias y Trabajo Remoto

- **Zoom:** Herramienta para videoconferencias con funciones basadas en IA, como la cancelación de ruido de fondo y ajustes automáticos de video, ideal para empleados que trabajan de forma remota.

- **Krisp:** Aplicación que utiliza IA para eliminar ruidos de fondo durante llamadas y videoconferencias, perfecta para quienes trabajan desde

Cómo una Empresa, una Tienda o un Restaurante Puede Usar la IA: Ejemplos Concretos

La inteligencia artificial (IA) está transformando la forma en que las empresas operan, ofreciendo nuevas oportunidades para optimizar procesos, mejorar la eficiencia y crear experiencias más personalizadas para los clientes. Ya sea una gran empresa, una pequeña tienda o un restaurante, la IA puede integrarse de varias maneras para mejorar el trabajo diario. A continuación, algunos ejemplos de cómo diferentes tipos de negocios pueden aprovechar la IA.

1. IA para la Gestión de Inventarios y Logística

Una de las aplicaciones más útiles de la IA es mejorar la gestión de inventarios y optimizar la logística. Herramientas basadas en IA pueden monitorear inventarios en tiempo real y predecir la demanda futura, evitando la falta de stock o el exceso de inventario. Por ejemplo, los algoritmos predictivos analizan datos históricos de ventas e identifican los períodos en los que ciertos productos tienen más demanda, lo que permite que la tienda se prepare con antelación.

En un restaurante, la IA puede gestionar el suministro de ingredientes de manera eficiente, prediciendo el consumo basado en el número de clientes, el día de la semana o incluso las condiciones climáticas, lo que reduce el desperdicio de alimentos.

2. Experiencias Personalizadas para los Clientes

Tanto una tienda como un restaurante pueden mejorar la experiencia del cliente utilizando IA para ofrecer experiencias personalizadas. Los motores de recomendación pueden sugerir productos o platos basados en las compras o pedidos anteriores de los clientes. Por ejemplo, una tienda online puede ofrecer productos relacionados con los ya comprados, aumentando las oportunidades de ventas adicionales o cruzadas.

En los restaurantes, las aplicaciones o sistemas de reservas pueden personalizar las ofertas para clientes frecuentes, sugiriendo promociones basadas en sus preferencias de platos anteriores, lo que mejora la lealtad y la retención de clientes.

3. Optimización de Precios

La IA también puede optimizar las estrategias de precios mediante el uso de algoritmos de precios dinámicos, los cuales ajustan los precios en función de la demanda, la competencia y las tendencias estacionales.

Un ejemplo concreto es una tienda online que utiliza software de reajuste de precios que analiza los precios de los competidores y ajusta automáticamente los precios de sus productos para seguir siendo competitivos sin sacrificar márgenes. En los restaurantes, la IA puede sugerir ajustes de precios en los menús para maximizar ganancias, teniendo en cuenta las preferencias de los clientes y los costos de producción.

4. Chatbots para Atención al Cliente

La IA puede ser utilizada en empresas, tiendas y restaurantes mediante chatbots que responden automáticamente a preguntas frecuentes sobre horarios, políticas de devoluciones o disponibilidad de productos. Esto reduce la necesidad de personal humano para gestionar solicitudes sencillas, dejando tiempo para enfocarse en problemas más complejos.

Un chatbot puede integrarse en un sistema de reservas para un restaurante, permitiendo a los clientes encontrar una mesa, reservar online y recibir confirmaciones automáticas, mejorando la experiencia del cliente fuera de los horarios de apertura.

5. Análisis de Datos de Ventas y Marketing

Los sistemas de inteligencia empresarial basados en IA, como **Tableau** o **Power BI**, permiten a las empresas analizar datos de ventas y marketing en tiempo real y obtener recomendaciones para optimizar las estrategias comerciales.

En un restaurante, la IA puede analizar opiniones y comentarios de clientes para identificar cuáles platos son más populares y cuáles necesitan mejoras. En una tienda, los sistemas de visión por computadora pueden analizar el tráfico dentro del local para identificar áreas que atraen más clientes o productos que se ven pero no se compran, optimizando la disposición de los productos.

6. Previsión de Tendencias e Innovación

La IA puede ayudar a predecir tendencias futuras en el mercado mediante el análisis de grandes volúmenes de datos sobre tendencias de consumo, búsquedas de palabras clave y comportamientos de los clientes.

Un restaurante puede usar IA para identificar nuevas preferencias culinarias emergentes y desarrollar platos innovadores que satisfagan dichas tendencias. Del mismo modo, una tienda de ropa puede utilizar IA para seguir las tendencias de moda y realizar pedidos de artículos que reflejen mejor los gustos de los clientes.

7. Automatización de Operaciones

La IA también puede ser utilizada para automatizar operaciones internas. En un restaurante, los robots de cocina basados en IA pueden preparar alimentos de forma rápida y eficiente, reduciendo costos y mejorando la consistencia.

En tiendas, la automatización del almacén mediante robots con IA permite organizar estantes, monitorear inventarios y preparar pedidos para su envío, reduciendo el riesgo de errores humanos y mejorando la eficiencia operativa.

8. Seguridad y Vigilancia

Los sistemas de vigilancia basados en IA pueden monitorear en tiempo real el interior de una tienda o restaurante, detectando comportamientos sospechosos y alertando al personal en caso de actividad potencialmente peligrosa.

En la industria alimentaria, la IA puede supervisar los sistemas de seguridad alimentaria. Por ejemplo, los sensores inteligentes conectados a una red de IA pueden monitorear las temperaturas de refrigeradores y congeladores, emitiendo alertas si algo no está funcionando correctamente y evitando el desperdicio de alimentos.

9. Optimización del Personal

Los sistemas basados en IA pueden optimizar la asignación de turnos de personal, prediciendo los momentos de mayor afluencia y sugiriendo la mejor distribución de empleados. Por ejemplo, un restaurante puede prever cuántos meseros necesita durante un turno en función de las reservas y patrones históricos, evitando tanto la falta como el exceso de personal.

Estos ejemplos demuestran cómo la IA puede beneficiar a cualquier negocio, ayudando a automatizar procesos, mejorar la toma de decisiones y proporcionar experiencias más personalizadas y eficientes a los clientes.

Se presentan ejemplos concretos de software basados en IA que las empresas pueden utilizar, divididos por área de aplicación.

1. Gestión de Inventarios y Logística

- **TradeGecko (ahora QuickBooks Commerce):** Software basado en la nube que ofrece gestión automatizada de inventarios, ayudando a las empresas a monitorear el stock y predecir la demanda. Utiliza IA para optimizar el suministro y la distribución, reduciendo el desperdicio.

- **Llamasoft:** Especializado en la optimización de la cadena de suministro, utiliza IA para analizar operaciones logísticas, predecir la demanda y optimizar las rutas de transporte y la gestión de inventarios.

2. Análisis de Datos e Inteligencia de Negocios

- **Tableau:** Plataforma popular de visualización de datos que convierte grandes cantidades de datos en informes visuales. Con IA integrada, Tableau ayuda a descubrir tendencias ocultas y realizar previsiones precisas.

- **Microsoft Power BI:** Herramienta de inteligencia empresarial que utiliza IA para analizar grandes volúmenes de datos y generar informes visuales automatizados.

- **Looker (parte de Google Cloud):** Software de análisis de datos que emplea machine learning para transformar datos en información estratégica mediante dashboards interactivos.

3. Marketing y Ventas

- **HubSpot:** Plataforma CRM que utiliza IA para optimizar la gestión de ventas, campañas de marketing y la experiencia del cliente. Sugiere automáticamente los mejores momentos para contactar clientes y mejorar la efectividad.

- **Salesforce Einstein:** Integración de IA en Salesforce que ofrece predicciones personalizadas y recomendaciones para mejorar las ventas. Automatiza tareas repetitivas y proporciona pronósticos precisos sobre los clientes.

- **Adext:** Utiliza IA para optimizar automáticamente campañas publicitarias en Google, Facebook y otras plataformas, ajustando presupuestos en tiempo real para maximizar el ROI.

4. Atención al Cliente y Chatbots

- **Zendesk:** Herramienta de atención al cliente con chatbots inteligentes y análisis de lenguaje natural, lo que permite una gestión eficiente de tickets y respuestas rápidas a las consultas de los clientes.

- **Intercom:** Plataforma de comunicación que usa IA para ofrecer chatbots y asistencia automatizada, lo que reduce la carga de trabajo del equipo de soporte y mejora la experiencia del cliente.

- **LivePerson:** Plataforma avanzada para la gestión del servicio al cliente mediante chatbots impulsados por IA, automatizando las interacciones y mejorando la satisfacción del cliente.

5. Gestión de Recursos Humanos

- **BambooHR:** Software de recursos humanos que usa IA para optimizar la contratación, supervisar el desempeño de los empleados y mejorar la retención. También automatiza la gestión de permisos y el onboarding.

- **HireVue:** Utiliza IA para analizar entrevistas en video, currículums y datos de comportamiento, mejorando el proceso de selección de candidatos.

- **Pymetrics:** Solución que usa IA y juegos cognitivos para evaluar habilidades blandas en los candidatos, encontrando el mejor ajuste basado en criterios objetivos.

6. Finanzas y Contabilidad

- **Xero:** Plataforma de contabilidad que usa IA para automatizar tareas diarias como la reconciliación bancaria, facturación y seguimiento de gastos, proporcionando una visión clara de las finanzas empresariales.

- **QuickBooks:** Utiliza IA para automatizar la contabilidad y la gestión financiera, ofreciendo información en tiempo real sobre flujos de caja, informes financieros y previsiones.

- **Kashoo:** Otro software de contabilidad que utiliza IA para categorizar transacciones, generar informes y asegurar el cumplimiento fiscal.

7. Automatización de Procesos

- **UiPath:** Plataforma popular de automatización de procesos robóticos (RPA) que permite automatizar tareas repetitivas como la gestión de datos y el envío de correos electrónicos, mejorando la eficiencia operativa.

- **Automation Anywhere:** Herramienta de RPA que utiliza IA para automatizar flujos de trabajo complejos, integrándose con sistemas ERP y CRM para centralizar la gestión de procesos.

- **Blue Prism:** Software de RPA que permite automatizar procesos repetitivos usando robots inteligentes, reduciendo la carga de trabajo manual y optimizando tareas administrativas.

8. Ciberseguridad

- **Darktrace:** Software de ciberseguridad basado en IA que monitorea el tráfico de red en tiempo real para detectar anomalías y posibles amenazas, adaptándose continuamente.

- **CrowdStrike:** Plataforma de ciberseguridad que usa IA para proteger a las empresas contra ataques avanzados como malware y ransomware.

- **Cylance:** Software de ciberseguridad que previene ataques mediante la IA, detectando comportamientos sospechosos y neutralizando amenazas en tiempo real.

9. E-commerce y Gestión de Clientes

- **Shopify:** Plataforma de e-commerce que integra IA para ofrecer recomendaciones personalizadas, optimizar campañas publicitarias y monitorear tendencias de ventas.

- **Magento:** Plataforma de e-commerce que usa IA para mejorar la experiencia de compra mediante motores de recomendación y personalización de contenido.

- **Yotpo:** Plataforma de engagement con clientes que utiliza IA para analizar comentarios y generar reseñas, optimizando las campañas de marketing.

10. CRM y Gestión de Clientes

- **Zoho CRM:** Software CRM que utiliza IA para predecir el comportamiento del cliente y mejorar la gestión de ventas, sugiriendo el mejor momento para contactar a los clientes.

- **Freshsales:** Plataforma CRM que integra IA para automatizar ventas y comunicaciones, clasificando automáticamente leads y proporcionando insights para cerrar ventas más fácilmente.

Cómo una Persona sin Experiencia Puede Usar la IA en la Vida Cotidiana

La inteligencia artificial (IA) está volviéndose cada vez más accesible y útil, incluso para quienes no tienen experiencia técnica. En la vida diaria, una persona sin conocimientos avanzados puede fácilmente aprovechar la IA para mejorar su productividad, ahorrar tiempo, obtener información e incluso hacer su vida más cómoda. A continuación, te mostramos cómo una persona común puede utilizar la IA en diferentes aspectos del día a día, con ejemplos concretos.

1. Asistentes Virtuales: Gestión de las Tareas Diarias

Una de las aplicaciones más comunes de la IA en la vida cotidiana son los asistentes virtuales como Google Assistant, Alexa de Amazon y Siri de Apple. Incluso sin experiencia técnica, cualquiera puede interactuar con estos asistentes simplemente usando la voz. Estos pueden ayudar en una amplia gama de actividades diarias:

- **Gestión de citas:** Puedes pedirle a Google Assistant que cree recordatorios, planifique citas o te recuerde hacer algo a una hora específica. Por ejemplo, basta con decir "Oye Google, recuérdame llamar al médico a las 15:00" y el asistente virtual se encargará de lo demás.

- **Compras en línea:** Con Alexa, puedes hacer pedidos directamente en Amazon utilizando simples comandos de voz. Es útil para realizar compras cuando estás ocupado o cuando te das cuenta de que te estás quedando sin un producto del hogar.

- **Preguntas rápidas y respuestas:** Siri o Google Assistant pueden responder preguntas sobre casi cualquier cosa, desde "¿Qué clima hará hoy?" hasta "¿Cuál es la distancia entre la Tierra y la Luna?" Esto hace que buscar información sea rápido y sencillo.

2. Aplicaciones de Traducción para Viajes e Idiomas

Las aplicaciones de traducción basadas en IA, como Google Translate, son herramientas extremadamente útiles para quienes viajan o desean aprender un nuevo idioma. Incluso sin conocimientos lingüísticos previos, estas aplicaciones pueden ayudarte a comunicarte en otros idiomas fácilmente.

- **Traducciones en tiempo real:** Durante un viaje, puedes usar Google Translate para traducir señales, menús o dialogar con personas que hablan un idioma diferente. Solo necesitas apuntar la cámara del teléfono hacia el texto y la aplicación te mostrará la traducción en la pantalla.

- **Conversaciones en tiempo real:** Con la opción "conversación", puedes comunicarte con alguien en otro idioma mientras la app traduce automáticamente lo que ambos dicen. Esta función es útil en situaciones como reservar un hotel o pedir direcciones.

3. Servicios de Streaming Personalizados

Muchas personas usan diariamente plataformas de streaming como Netflix, Spotify y YouTube, que emplean poderosos algoritmos de inteligencia artificial. Aunque no sepas detalles técnicos, estos algoritmos te ayudan a encontrar nuevos contenidos según tus gustos y preferencias.

- **Recomendaciones personalizadas:** En Netflix, la IA analiza tus hábitos de visualización y sugiere películas y series que podrían gustarte. No necesitas hacer nada en particular, solo mirar contenido y el algoritmo aprenderá automáticamente de tus preferencias.

- **Listas de reproducción personalizadas:** Spotify utiliza IA para crear listas de reproducción a tu medida, como "Discover Weekly" o "Release Radar", que te sugieren música nueva basada en tus preferencias y artistas favoritos.

4. Aplicaciones para la Salud y el Bienestar

Otra manera concreta en que la IA puede mejorar la vida diaria de una persona común es a través de aplicaciones de salud y bienestar. Incluso sin ser experto en fitness o salud, muchas apps impulsadas por IA pueden ayudarte a mejorar tu estilo de vida.

- **Monitoreo del sueño:** Aplicaciones como **Sleep Cycle** utilizan IA para analizar tus patrones de sueño y sugerir mejoras en la calidad de tu descanso. La app también puede despertarte en el momento ideal de tu ciclo de sueño, ayudándote a sentirte más descansado por la mañana.

- **Entrenamientos personalizados:** Aplicaciones como **Freeletics** o **Fitbod** crean programas de entrenamiento personalizados basados en tus capacidades físicas y objetivos. La IA adapta los ejercicios en función de tu progreso, sugiriendo modificaciones o intensificaciones cuando sea necesario.

5. Automatización Doméstica (Hogar Inteligente)

Incluso sin experiencia tecnológica, cualquier persona puede usar IA para convertir su hogar en una casa inteligente, simplificando muchas tareas diarias.

- **Control de luces y electrodomésticos:** Con sistemas como Google Home o Amazon Echo, puedes encender o apagar las luces y controlar otros electrodomésticos solo con la voz. También puedes programar rutinas diarias, como bajar las luces por la noche o encender la cafetera por la mañana.

- **Seguridad del hogar:** Productos como las cámaras de seguridad **Nest** o los timbres inteligentes **Ring** utilizan IA para reconocer rostros y movimientos, enviándote alertas en caso de actividad sospechosa alrededor de tu casa. Incluso aquellos que nunca han usado tecnologías avanzadas pueden configurar fácilmente estos sistemas a través de una app en su smartphone.

6. Gestión de Finanzas Personales

La IA puede ayudarte a gestionar tus finanzas de manera más inteligente. Incluso sin experiencia financiera, las apps con IA ofrecen sugerencias sobre cómo administrar el dinero, ahorrar y planificar los gastos.

- **Aplicaciones de presupuestos:** Herramientas como **Mint** o **YNAB (You Need A Budget)** utilizan IA para analizar tus hábitos de gasto y crear presupuestos personalizados. Las aplicaciones monitorean automáticamente las transacciones y sugieren formas de ahorrar.

- **Inversiones automáticas:** Aunque no tengas experiencia en el mundo de las inversiones, plataformas como **Robo-Advisors** (ej. Betterment o Wealthfront) utilizan IA para gestionar tus inversiones según tus objetivos financieros.

7. Aplicaciones de Compras Inteligentes

Comprar se ha vuelto mucho más sencillo gracias a la IA, que ayuda a hacer mejores elecciones o encontrar los mejores precios.

- **Honey:** Una extensión de navegador impulsada por IA, Honey busca automáticamente cupones y códigos de descuento cuando compras en línea, ayudándote a ahorrar sin necesidad de buscar manualmente.

- **Google Lens:** Si ves un producto que te interesa en una tienda o en un anuncio, puedes usar Google Lens para escanearlo y obtener información, incluidos precios en línea y reseñas de otros compradores.

8. Aplicaciones de Fotografía y Video

Aunque no seas un experto en fotografía, la IA puede ayudarte a mejorar notablemente la calidad de tus fotos y videos. Muchas apps ofrecen funciones avanzadas que antes estaban reservadas para profesionales.

- **Adobe Photoshop Express:** Utiliza IA para mejorar automáticamente las fotos, ajustando la iluminación, el contraste y eliminando objetos no deseados. Es fácil de usar y te permite transformar fotos sin conocimientos técnicos.

- **Prisma:** Prisma utiliza IA para aplicar estilos artísticos a tus fotos, convirtiéndolas en verdaderas obras de arte. Es una aplicación muy sencilla y divertida para quienes desean dar un toque creativo a sus imágenes.

9. Soporte para la Escritura

Incluso en la vida diaria, la IA puede asistirte en la redacción de correos electrónicos, mensajes o documentos.

- **Grammarly:** Si escribes correos o documentos con frecuencia, Grammarly puede ayudarte a mejorar la calidad de tu redacción corrigiendo errores gramaticales y sugiriendo mejores frases. Es una herramienta útil para cualquiera, incluso sin experiencia en escritura profesional.

Como hemos visto a lo largo de todo el libro, los consejos prácticos y los campos de aplicación de la inteligencia artificial son realmente numerosos: algunos más evidentes, otros más sutiles, algunos con un impacto inmediato, y otros por descubrir con el tiempo. Ya sea para mejorar nuestra vida cotidiana o para enfrentar grandes desafíos laborales, la IA ofrece oportunidades infinitas, y depende de nosotros descubrir cómo aprovecharlas al máximo.

Lo que está claro es que estamos ante un cambio de época. Y como todos los cambios, puede generar incertidumbre e incluso temor. El ser humano siempre ha reaccionado con cierto escepticismo ante las grandes innovaciones, pero también ha aprendido a superar el miedo.

El punto no es esperar que todo esté claro o libre de riesgos, sino lanzarse y empezar a experimentar. Es a través de la experimentación que podemos descubrir cómo la inteligencia artificial puede mejorar nuestra vida de manera significativa, enriqueciendo no solo nuestro trabajo, sino también los pequeños gestos cotidianos.

Como hemos podido ver a lo largo del libro, los consejos prácticos y los campos de aplicación de la inteligencia artificial son realmente numerosos. Algunos son más evidentes, otros más sutiles, algunos con un impacto inmediato, otros que descubriremos con el tiempo. Ya sea para mejorar nuestra vida cotidiana o para enfrentar grandes desafíos laborales, la IA ofrece oportunidades infinitas, y depende de nosotros entender cómo aprovecharlas al máximo.

Una cosa está clara: estamos ante un cambio de época. Y como sucede con todos los cambios, puede generar incertidumbre e incluso temor. El ser humano siempre ha reaccionado con cierto escepticismo ante las grandes innovaciones, pero también ha aprendido a superar el miedo. Tal como lo hicimos con los teléfonos móviles, las computadoras o las nuevas habilidades que aprendemos cada día, lo mismo ocurrirá con la IA.

El punto no es esperar a que todo esté claro o libre de riesgos, sino lanzarse y empezar a experimentar, aceptando que habrá errores y momentos de aprendizaje. Es a través de esa experimentación que podemos descubrir cómo la inteligencia artificial puede realmente mejorar nuestra vida, enriqueciendo no solo el trabajo, sino también los pequeños gestos cotidianos.

Seguramente, después de haber leído este libro, tu vida no cambiará de la noche a la mañana. No has aprendido la técnica secreta para hacerte millonario o convertirte en la persona más simpática del mundo. Sin embargo, hay algo seguro: ahora eres más consciente de la inteligencia artificial, de su potencial y sus implicaciones.

Esta conciencia te permitirá enfrentar el cambio con una actitud más abierta e informada. La IA no es una abstracción lejana, sino una herramienta poderosa que, si se usa con criterio y curiosidad, puede realmente marcar la diferencia en muchos aspectos de nuestra vida. Y, como cualquier otra herramienta, el primer paso es probarla, aprender, equivocarse y crecer.

Y termino aconsejándote que pruebes los softwares de inteligencia artificial que hoy en día están más listos, son fáciles de usar y muy versátiles: ChatGPT y Gemini. Ambos son gratuitos y accesibles para todos. Mi consejo final es este: experimenta.

Empieza a hacer preguntas, a pedir información o incluso a realizar algunas pruebas. Por ejemplo, para esas búsquedas que normalmente harías en Google o en un navegador —como encontrar un restaurante, buscar una idea de regalo para un cumpleaños, planificar un viaje, verificar el clima o leer las últimas noticias— intenta en su lugar preguntarle a ChatGPT o a Gemini.

Pero no te detengas ahí: también puedes usarlos para obtener consejos personalizados sobre una amplia gama de temas, desde la gestión del tiempo hasta la mejora de la productividad, e incluso para discutir ideas creativas o resolver problemas cotidianos. Podrías descubrir que no solo responden rápidamente, sino que a menudo ofrecen sugerencias mucho más útiles y precisas que una búsqueda en línea tradicional.

Interactúa con ellos, explora sus funcionalidades, pídeles cosas divertidas o al azar. Te sorprenderás de lo útiles que pueden llegar a ser como aliados prácticos para mejorar varios aspectos de tu vida cotidiana, haciendo todo más sencillo y rápido. Probar no te cuesta nada, y podría abrirte un mundo de nuevas posibilidades que no habías considerado.

Si has llegado hasta aquí y el libro te ha gustado, y crees que te será útil, te pido que dediques solo unos segundos para dejar una reseña en Amazon.

¡Gracias!

Marco Tomasi

www.ingramcontent.com/pod-product-compliance
Lightning Source LLC
Chambersburg PA
CBHW052145220526
45471CB00004B/1536